贵州省哲学社会科学规划一般课题（项目编号：17G2
贵州省十大创新团队兴义民族师范学院国际山地旅游与户外体育运动
创新团队阶段性成果

区域联动视角下贵州山地
户外运动赛事设计与发展

李　晓　◎著

西南交通大学出版社
·成　都·

图书在版编目（ＣＩＰ）数据

区域联动视角下贵州山地户外运动赛事设计与发展/
李晓著. 一成都：西南交通大学出版社，2019.7
ISBN 978-7-5643-6976-7

Ⅰ. ①区… Ⅱ. ①李… Ⅲ. ①山地－运动竞赛－设计
－贵州② 山地－运动竞赛－发展－贵州 Ⅳ. ①G808.2

中国版本图书馆 CIP 数据核字（2019）第 142494 号

Quyu Liandong Shijiao xia Guizhou Shandi Huwai Yundong Saishi Sheji yu Fazhan
区域联动视角下贵州山地户外运动赛事设计与发展

李　晓　著

责 任 编 辑	罗爱林
封 面 设 计	原谋书装
	西南交通大学出版社
出 版 发 行	（四川省成都市二环路北一段 111 号
	西南交通大学创新大厦 21 楼）
发行部电话	028-87600564　028-87600533
邮 政 编 码	610031
网　　　址	http://www.xnjdcbs.com
印　　　刷	四川煤田地质制图印刷厂
成 品 尺 寸	170 mm×230 mm
印　　　张	11.75
字　　　数	205 千
版　　　次	2019 年 7 月第 1 版
印　　　次	2019 年 7 月第 1 次
书　　　号	ISBN 978-7-5643-6976-7
定　　　价	78.00 元

前　言

　　山地户外运动产业作为一项"绿色朝阳"产业，无论是在城市还是乡村，都展现出拉动经济增长、提高人们生活水平的强劲力量。尽管我国山地户外运动的起源比国外晚了 100 多年，但发展迅速，呈现出方兴未艾的势头。2005 年 4 月，国家体育总局将山地户外运动设立为正式体育项目，标志着我国户外运动步入发展快车道。2016 年 11 月，国家发展改革委、国家体育总局等多部门联合发布《山地户外运动产业发展规划》，对推动我国健身休闲产业全面提质增效，引导体育产业向纵深发展，实现全民健身和全民健康的深度融合，推动健康中国建设具有十分重要的意义。

　　贵州省具有发展山地户外运动得天独厚的地质环境优势。近年来，贵州省委、省政府、省体育局各部门高度重视贵州山地户外运动的发展，不断出台新举措、新政策推动贵州省山地户外运动的开展。2012 年 6 月出台的《中国贵州山地户外运动大省建设规划》，掀起了全省各地相继举办山地户外运动赛事的热潮。2016 年 9 月，贵州省山地户外运动管理中心挂牌成立，标志着贵州乃至中国体育事业、体育产业发展迎来新的历史使命，开启了山地户外运动发展新征程。贵州山地户外运动赛事起步晚，但发展迅速，具有一定的后发优势。总体上看，贵州的山地户外运动还处于成长阶段。

　　本书以贵州山地户外运动赛事为研究对象，运用文献资料法、观察法、调查法和数理统计法等方法进行研究。第一，对贵州山地户外运动发展历程进行梳理，通过对贵州山地户外运动赛事开展现状及基础理论问题进行深入探索，找出当前贵州山地户外运动赛事发展的优势、劣势、机会及挑战；第二，在深入研究贵州民族节庆、民族服饰、民族建筑、民族饮食和民族体育等特色资源特点的基础上，积极探索贵州民族特色资源与山地户外运动赛事融合的最佳路径，着力打造贵州民族特色山地户外运动赛事；第三，综合评估贵州山地户外运动赛事举办的宏观环境、资源条件、市场条件和竞争环境等各项条件，从山地户外运动赛事的规划要素、环境设计和项目规划等方面对贵州山地户外运动赛事进行科学设计与规划，结合区域联动理论，寻求适合贵州山地户外运动赛事发展的区域联动机制；第四，对贵州山地户外运动赛事的过程管理、风险管理、市场开发和赛事影响评估等方面进行研究，为贵州山地户外运动赛事的健康发展提供理论支持；第五，从基本保障与基础设施建设、山地户外运动赛事体系构建、区域联动理论实践与应用、"山地户外运动+N"战略融合等四个方面提出贵州山地户外运动赛事发展策略。

本书在编写过程中，综合了国内外有关山地户外运动赛事文献的特点，借鉴和参考了国内外专家、学者大量的专著和论文，引用了前人的研究成果并以脚注的形式进行了标注，在此一并表示衷心的感谢。

由于笔者水平有限，书中难免存在不足之处，希望广大专家、读者提出宝贵意见。

李　晓

2019 年 3 月

目　录

第一章 导 论

第一节 问题的提出

一、宏观政策

贵州省是我国唯一一个没有平原支撑的省份，全省有 92.8% 的土地面积被山地丘陵覆盖，是一个典型的山地大省。贵州省山地户外运动赛事的开展可以追溯到 20 世纪 90 年代。如：1997 在黔西南布依族苗族自治州兴义市的马岭河峡谷举办的贵州首届国际漂流邀请赛，就吸引了世界各地山地户外运动爱好者慕名而来；2001 年在安顺市黄果树景区举办了全国首届新闻记者 72 小时野外生存与网络挑战赛。

近年来，贵州省委、省政府、省体育局各部门非常重视贵州山地户外运动的发展，不断出台新举措、新政策推动贵州省山地户外运动的开展。2010 年，《贵州省十二五规划发展纲要》提出"要将贵州打造成为山地户外活动基地"，在贵州省政府工作报告中也明确指出把"大力发展山地户外运动"作为体育事业发展的重要支点；2012 年 6 月，贵州省山地户外运动管理办公室成立，出台了《山地户外运动大省建设规划》，并组织相关部门对开展山地户外运动的科学性、实践性和可行性进行了论证；2014 年，省体育局提出了"加大山地户外营地、基地以及户外健身步道的建设，打造山地户外品牌赛事"；2015 年，省体育局根据省委、省人民政府制定的《贵州省十三五规划纲要》对贵州体育工作提出的新要求，提出把推进贵州山地户外运动、民族特色体育大省强省作为今后工作的重点；自 2015 年起，国际山地旅游大会永久落户贵州，为贵州山地户外运动的开展提供了发展方向和动力支撑；2016 年 9 月，贵州省山地户外运动管理中心在贵州黔西南州挂牌成立，标志着贵州乃至中国体育事业、体育产业发展将迎来新的历史使命，开启了山地户外运动发展新征程。来自政府以及社会各界的关注，给了贵州山地户外运动更多的关怀，也迫切要求贵州体育事业、体育产业在山地户外运动的带动下加快发展，为2020年实现全面小康社会注入新的活力。

二、环境优势

贵州省具有发展山地户外运动得天独厚的地质环境优势。贵州地处我国西南地区，平均海拔 1 100 米左右，全年最冷月（1 月）平均气温 3 ℃ ~ 6 ℃，最热月（7 月）平均气温 22 ℃ ~ 25 ℃。冬无严寒，夏无酷暑，一年四季都可以开展山地户外运动。另外，贵州省是世界上喀斯特发育最为典型、最为复杂和景观类型最为丰富的一个地区。贵州省喀斯特面积为 109 083.98 平方千米，约占全省辖区面积的 65%，远远超过云南和广西。神奇的喀斯特地质构造出神奇的自然风貌。贵州省的喀斯特风景线主要有地上和地下两条。地面有石牙、溶沟、峰林、峰丛溶石、天生桥、落水洞，还有瀑布、喀斯特湖；进入地下世界则更加奇妙，有溶洞、阴河、伏流、暗湖及千姿百态的钙质沉积形态，如石钟乳、石笋、石柱、石花、石幔、石瀑布等。走进贵州喀斯特王国，人们会被那许许多多的奇观异景所吸引，能感受到大自然鬼斧神工的奥妙。这里著名的喀斯特景区主要有毕节织金洞，织金洞有 11 个大厅 47 个厅堂，全长 12.1 千米，洞内钟乳无数，各具形态，一尊尊经历了千万年岩浆的滴灌，"具象而又抽象"的雕塑，让人产生无限的奇思遐想，享受无穷无尽的美感。有人赞叹道："黄山归来不看山，织金归来不看洞。"位于遵义市绥阳县温泉镇的双河洞，长度达 238.48 千米，深度超过 550 米，被誉为"喀斯特天然洞穴博物馆"。黔南的荔波则拥有喀斯特原始森林、水上森林和"漏斗"森林，合称"荔波三绝"。虽然它们的生长空间不同，有的在山上，有的在水中，有的在"天坑"里，但都存活在贫瘠、脆弱的喀斯特环境中，都是石头上长出的森林。黔西南州的马岭河峡谷集中展示了云贵高原岩溶地貌的典型特征，雄奇险峻。像这样的喀斯特地貌在贵州省数不胜数，有的已经开发得较为成熟，有的正处在开发的初级阶段，有的还尚未开发。丰富的地质地貌为山地户外运动的开展提供了天然的地质资源。

三、生活需求

党的十九大报告指出，现阶段我国社会主要矛盾已经转化为人民日益增长的美好生活需要和不平衡不充分的发展之间的矛盾。党的十八届一中全会后，习近平总书记郑重宣示，"人民对美好生活的向往，就是我们的奋斗目标"，并要在 2020 年全面建成小康社会。随着人民生活质量不断改善和生活水平不断提高，越来越多的人不再满足于物质生活的富裕，更注重身体健康和心情愉悦。另外，老龄化已成为制约贵州省经济社会发展的一个重要问题。2010 年以来，贵州省 65 岁及以上老年人数量一直呈现增长趋势，老龄化程度日益加剧。2010 年，贵州省 65 岁及以上人口为 302.62 万，2017 年上升至 372.32 万，增加了 69.70 万，增长率为 23%，占比也从 2010 年的 8.71% 提高到 2017 年的 10.40%。与全国人口老龄化程度相比，贵州省人口老龄化程度相对较低，但人口老龄化速度高于全国平均水平，老龄化问题日益突显。生活水平的改善和老龄化的加剧，是促使人们参加体育锻炼的主要原因。众所周知，体育锻炼不仅可以促进身体机能的健康发展，同时还能培养良好的心理素质，促使人们形成良好的社会适应能力，从而达到身心和谐发展。生活水平的提高能促使人们参加体育锻炼，老龄化的加剧会带来一系列的身体疾病，也使老年人愈加重视身心健康。近年来，徒步越来越受到老年人的追捧，茶余饭后，或周末闲暇时光，到户外进行徒步健身，强度可大可小，既能愉悦身心，又可亲近大自然。

四、脱贫扶贫

众所周知，贵州省是我国典型的贫困大省，是全国贫困人口最多、贫困面积最大、贫困程度最深的省份，是我国决战贫困的主战场。截至 2017 年年末，贵州农村贫困人口有 280.32 万，比 2012 年的 923 万减少了 642.68 万，但贫困率依然高达 7.75%，脱贫任务艰巨。近年来，贵州省产业结构不断调整优化，传统的第一产业和第二产业转型升级，大力发展第三产业。秉持"绿水青山就是金山银山"的理念，充分利用贵州特有的山地生态资源，大力发展山地旅游与山地竞赛产业。山地户外运动赛事的开展，能够开发利用贵州特色山地资源，带动交通运输便捷便利，推动物流业的高速发展，有助于提升农村土特产品贸易水平。另外，户外运动赛事的举办还能促进当地住宿、饮食、娱乐等消费的增长，增加就业机会，推动旅游产业发展。要充分利用贵州典型的山地、河流、湖泊、溶洞和多彩民族人文资源，在农村贫困地区因地制宜地开发开展具有民族特色的山地户外运动赛事，增强贵州贫困地区自身的"造血"功能，将扶贫工作做到实地，做到精准扶贫和有效扶贫，以民族特色山地户外运动赛事带动贵州贫困乡村经济发展，发挥特色赛事"促一方发展，富一方百姓"的重要作用，拓宽体育扶贫新渠道。

五、资源保护

贵州喀斯特地貌面积为 10.91 平方千米，占全省总面积的 61.9%。典型的喀斯特地貌为开展山地户外运动提供了良好的先天条件，但喀斯特地貌又是生态非常脆弱的区域，由于长期不合理的社会经济活动，过度向山地攫取资源，造成人地矛盾突出，植被破坏也日趋严重，水土流失过快，土地生产力逐渐衰退甚至丧失，地表慢慢呈现石漠化症状。据《石漠化综合治理规划大纲（2006—2015）》文件统计，贵州省有 78 个市（区）被列入全国石漠化综合治理专项县。要想根除石漠化，必须退耕还林，退耕还草，以保护脆弱的自然生态环境。近年来，贵州森林覆盖率逐年上升。2017 年，全省森林覆盖率已达 55.30%，因此有了"天然氧吧"的称号。山地户外运动赛事是经济发展的一种新形式。一般来说，山地户外运动赛事的举办地景色宜人，生态环境较好，有着较好的森林覆盖率和良好的植被环境。贵州山地户外运动赛事的举办在一定程度上依靠这种原生态的自然环境来吸引运动员参与；同时，想要将贵州特色山地户外运动赛事长期举办下去，还必须加大环境资源保护力度，真正体现出人与自然的和谐共处，树立和践行"绿水青山就是金山银山"的理念，形成绿色发展方式和生活方式，从而吸引更多的运动员、观众来黔，为建设美丽中国助力。

六、文化创新

文化是一个国家、一个民族的灵魂，是国家长盛不衰、民族振兴发展的精神支柱。党的十九大报告指出，文化兴国运兴，文化强民族强。没有高度的文化自信，没有文化的繁荣兴盛，就没有中华民族的伟大复兴。文化是一个国家和民族深入血脉的基因，是展现"和而不同"的载体。创新、继承和发扬传统文化，实现文化的繁荣兴盛，首先要以卓越的文化追求和看得见的文化成果来坚定文化自信。贵州有着悠久的历史文化和多彩的民族文化，在新时代的召唤下，文化传承与创新已成为贵州文化发展的重任。我们要紧紧围绕多彩贵州民族特色文化强省建设工程战略，结合"山地公园省·多彩贵州风"战略部署，积极探索民族特色文化创新路径和传承方式。山地户外运动赛事在贵州的蓬勃开展，为贵州经济发展注入了新的动力，也为贵州民族特色文化传统与创新创造了机遇。借助贵州山地户外运动赛事的策划、宣传、组织、设施等活动，将丰富多彩的贵州民族特色文化有机融入贵州山地户外运动赛事中，实现贵州民族文化的传承与创新。

第二节 研究目的与方法

一、研究目的

贵州省结合自身独特的自然生态资源和少数民族人文资源等条件优势，提出贵州山地户外运动大省建设规划，要以山地运动、民族体育为特色，打造山地民族特色体育大省、强省。近年来，贵州山地户外运动赛事如雨后春笋般蓬勃发展起来，给当地政治、经济、文化、社会等方面带来了一系列积极效应。山地户外运动赛事对贵州未来发展的贡献不可估量。但由于贵州山地户外运动赛事基础薄弱，又缺乏成熟经验参考，发展过程中难免会走一些弯路，不利于贵州山地户外运动赛事长期健康发展。

基于此，本课题对贵州山地户外运动赛事进行研究，力图实现以下目标，使本课题具有理论指导和实践意义。首先，通过对贵州山地户外运动赛事开展现状及基础理论问题进行深入探索，找出当前贵州山地户外运动赛事发展的优势、劣势、机会及挑战；其次，挖掘贵州民族文化元素，开发具有山地特色的民族传统体育项目，将其融入贵州山地户外运动赛事中，着力打造贵州民族特色山地户外运动赛事；再次，综合评估贵州山地户外运动赛事举办的各项条件，对贵州山地户外运动赛事进行科学设计与规划，并结合区域联动理论，寻求适合贵州山地户外运动赛事发展的区域联动机制；最后，结合贵州山地户外运动赛事竞赛管理过程，分别从基本保障与基础设施建设、山地户外运动赛事体系构建、区域联动理论实践与应用、"山地户外运动+N"战略融合等四个方面提出贵州山地户外运动赛事发展策略。

本课题力图探求以下具体研究领域：

（1）调查目前贵州山地户外运动赛事开展现状，了解贵州山地户外运动赛事举办的项目、规模、时间、空间特征，分析各地区山地户外运动赛事开展的差异性原因，为贵州山地户外运动赛事科研提供理论参考依据。

（2）对贵州民族节庆、民族服饰、民族建筑、民族饮食、民族体育等方面进行调查，分析贵州民族特色资源特征，探讨贵州民族特色资源融入山地户外运动赛事的可行性，寻求贵州民族特色资源融入山地户外运动赛事的路径。

（3）从宏观环境、资源条件、市场条件和竞争环境等方面对举办贵州民族特色山地户外运动赛事的可行性进行评估，并对贵州民族特色山地户外运动赛事进行规划与设计。

（4）分析贵州民族特色山地户外运动赛事资源，运用区域联动理论，探寻贵州民族特色山地户外运动赛事健康区域联动发展的模式。

（5）结合贵州民族特色山地户外运动赛事过程管理，从宏观策略、山地户外运动赛事过程要素、区域联动模式和"山地户外运动+N"大战略等角度提出贵州民族特色山地户外运动赛事发展策略。

二、研究方法

（一）文献资料法

通过国家图书馆、Google 图书、Amazon 图书、当当网、京东网、孔夫子旧书网等网站查阅并购买大量管理学、市场营销学、社会学、系统科学等多种基础理论方面的书籍，对涉及体育赛事、民族文化、区域联动理论等方面的知识进行深入研究。

通过中国知网、万方数据库、维普期刊网、国家图书馆、贵州数字图书馆、中国登山运动管理中心官网、国家体育总局官网、贵州省人民政府网、贵州省体育局及各地州市体育局网、Google 等渠道获取有关山地户外运动、民族文化、区域联动方面的学术文献、相关政策、法规、文件、数据公报等，为本研究提供理论依据和实践支持。

（二）观察法

通过参与 2018 年六盘水马拉松赛、"多彩贵州"自行车联赛、2018 国际山地旅游暨户外运动大会、第十一届万峰湖野钓大赛、兴义白龙山越野跑公开赛等贵州举办的多项山地户外运动赛事，参与望谟县"三月三"布依族文化节、贞丰县"六月六"布依族风情节、晴隆县彝族"火把节"、兴仁县"八月八"苗族风情节等民俗节庆，参与性观察贵州山地户外运动赛事、民俗风情活动，获取大量相关第一手材料。

通过网络搜寻遵义国际山地户外运动挑战赛、瓮安国际山地户外运动挑战赛、黔南州山地户外运动大会、重庆武隆国际山地户外运动公开赛、广西百色国际山地户外运动挑战赛等省内外知名山地户外运动赛事影像资料，间接观察我国知名山地户外运动赛事的开展状况，为本研究的深入开展提供思路。

（三）调查法

1. 访谈法

利用 2018 年参与上述各项山地户外运动赛事，参加第六届全国民族体育学术研讨会、2018 中国山地民族体育工作坊论坛、2018 国际山地旅游与户外运动发展论坛的契机，向参赛的运动员、教练员、志愿者，与会的专家、学者，以及贵州省山地户外运动管理中心、贵州省体育局、黔西南州体育局等相关主管人员就山地户外运动赛事、民族传统体育等方面进行深度访谈。

2. 问卷调查法

在广泛调查和研究的基础上，结合前期相关山地户外运动赛事研究的基础，对影响贵州山地户外运动赛事的相关因素进行分析，设计出《贵州山地户外运动赛事开展现状影响因素分析》调查问卷。先后利用 2018 年参加贵州国际山地旅游暨户外运动大会、第十一届万峰湖野钓大赛、2018 白龙山越野跑公开赛等机会，对参与山地户外运动赛事的组织管理人员、志愿者，参加竞赛的运动员、教练员及黔西南州电视台记者等人员发放问卷。共发放 328 份问卷，回收 293 份，回收率 89.33%，其中有效问卷 245 份，有效率 83.62%。

（四） 数理统计法

将文献资料、数据公报、统计年鉴、访谈及回收问卷的相关数据量化，采用 Excel 和 Spss17.0 软件进行统计处理。

第三节 研究思路

本研究拟在区域联动理论的支撑下，将贵州民族特色资源有机融入山地户外运动赛事中，通过文献研究、规范研究、实证研究和对策研究，形成贵州民族特色山地户外运动赛事理论体系。（见图 1-1）

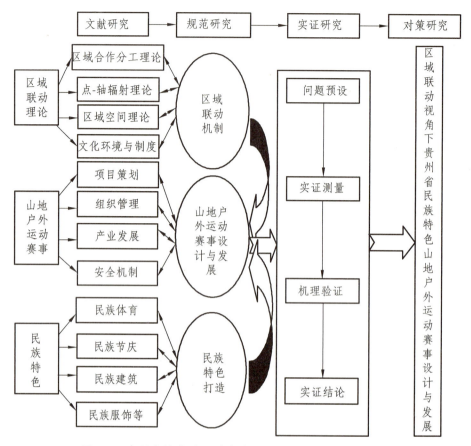

图 1-1　贵州山地户外运动赛事设计与发展研究技术路线

（1）通过在全省各个地区之间建立有效的区域联动机制，通过在点轴、空间、文化和制度等方面的联动，促使全省山地户外运动赛事形成一盘棋，从而能够打造出科学有序的省内系列山地户外运动赛事。

（2）贵州省内有 17 个世居少数民族，是一个不折不扣的民族大省，可将少数民族的传统体育项目、民族建筑、民族节庆和民族服饰等具有典型民族特色的元素，融入贵州省山地户外运动赛事中，从而形成具有贵州民族特色的山地户外运动赛事。

（3）在有效区域联动机制保障下，融合贵州民族特色元素，设计贵州省山地户外运动赛事，打造出长效有序的具有贵州民族特色的贵州山地户外运动赛事，促使贵州山地户外运动赛事长期有效开展。

第二章　国内外研究综述

第一节　区域联动的概念及相关理论研究

一、区域联动的基本内涵

区域联动是指以地理上相邻、彼此间关联的经济区域为基础，以资源优化配置和促进区域协调为目标，以市场为主导、行政力为推动，通过人流、物流、资金流、信息流等各种经济要素的相互关联，交通运输网络和通信网络等基础设施的互通共享，形成交互联合、功能分工、协同发展的区域经济系统和发展模式。强调区域间相互协调、相互促进、优势互补、共同发展[①]。

二、区域联动相关理论研究

伴随着全球经济一体化的发展，区域联动和协调发展已成为各国各地区高度关注的重点，同时也是未来世界经济发展的趋势。党的十八大以来，党和国家政府高度重视地区发展战略问题，在强调继续实施集体发展总体战略的同时，又相继提出了"一带一路"倡议、京津冀协同发展战略和长江经济带战略。Martin 和 Sunley 认为，一个区域的增长不仅取决于自身因素，也取决于邻近区域的发展状况[②]。王海飞、林柳琳指出，由于资源与区位差异性、要素不均衡性、结构差异性以及不对称性等，区域间基于互补和关联的竞争与合作成为必然；同时他们表示，区域联动不仅包括区域产业、空间、市场

---

① 敖丽红. 区域间创新联动发展机制与对策研究——以辽宁沿海经济带与长吉图区域为例[M]. 知识产权出版社，2012：1.
② Ron Martin, Peter Sunley. Conceptualizing Cluster Evolution: Beyondthe Life Cycle Model [J]. Regional Studies, 2011, 45 (10): 1299-1318.

的联动，还包括区域生态、行政制度等方面的联动①。

（一）区域分工与合作

早在18世纪，英国经济学家亚当·斯密就提出地域分工理论，这是最早的区域经济理论。19世纪，英国经济学家大卫·李嘉图在亚当·斯密地域分工理论的基础上提出了比较成本学说。马克思的劳动地域分工理论又是在大卫·李嘉图的学说的基础上进一步发展而成的。由于各个区域之间存在着经济发展条件和基础方面的差异，因此，在资源和要素不能完全、自由流动的情况下，为满足各自生产、生活方面的多种需求，提高经济效益，各个区域在经济交往中就必然按照比较利益的原则，选择和发展具有优势的产业②。区域合作使区域之间通过优势互补、优势共享或优势叠加，将分散的经济活动组织起来，把潜在的经济活力激发出来，形成一种合作生产力；通过合作所产生的经济效益是分散条件下所难以取得的③。

（二）点-轴辐射理论

点-轴辐射开发理论，最早由波兰经济学家萨伦巴和马利士提出。我国经济地理学家陆大道在1984年10月也提出"点-轴系统"理论。他认为，"点"是指一定区域的各级中心地，"轴"是指由交通、通信、能源输送和水源等干线结合起来的"基础设施束"及附近的区域。点轴理论在重视"点"（重点城镇或重点经济发展区域）的主体发挥作用的同时，还强调点与点之间的"轴"的作用。

（三）区域空间理论

如今便捷的交通设施正不断缩短各个地区间的"距离"，地区与地区之间的交流愈加频繁，但由于物理距离的远近依然会制约区域间的经济发展，继而影响各个地区间资金、人才、信息、物流等要素的空间流动，因此在进行区域合作或联动时依然要考虑物理距离。叶森指出，对于基于产业链联系的

---

① 王海飞，林柳琳．区域联动及其相关基本问题研究[J]．改革与战略，2014（6）：82-86．
② 李小建，等．经济地理学[M]．高等教育出版社，1999：227．
③ 李小建，等．经济地理学[M]．高等教育出版社，1999：229．

垂直型产业联动，距离将直接影响联动的运输和成本。对于基于创新的水平型产业联动，距离将直接影响联动主体间的物资流通和信息传播①。因此，在一定区域范围内的不同产业联动主体间应保证合适的距离，既要保证产业链的有效运行，又要保障创新扩散的可能性②。

（四）文化环境与制度

社会文化环境是影响产业联动的重要因素之一，区域内不同联动主体间相似的文化背景与价值观更有助于其进行沟通与产业合作③。纪慰华表示，社会文化环境通过控制区域内产业链的行为来决定各种经济现象的发生，各产业联动主体只有根植于当地的文化环境，才能保证区域产业健康持续发展④。陈雯指出，厦漳泉三个联动主体正是由于相似的地缘关系、亲缘关系与史缘关系，才容易达成共同的区域文化与经济理念，促进区域产业联动的发展⑤。马中东表示，产业联动的形成与发展是在一定的制度环境下进行的，制度是影响产业联动不可或缺的因素之一⑥。周超、沈正平、刘宁宁认为，制度实体性安排与制度环境建设是构建产业联动制度体制的两个主要组成部分⑦。

第二节 山地户外运动研究现状综述

一、国内研究现状

（一）山地户外运动开展的现状

对山地户外运动开展现状的研究，往往以地方研究为主，主要侧重于贵

① 叶森. 区域产业联动研究——以浦东新区与长三角地区 IC 产业联动为例[D]. 华东师范大学，2009.
② 聂琳琳. 区域联动下的乡村规划发展研究[M]. 青岛理工大学，2017.
③ 刘沐霖. 产业联动的动力机制分析[J]. 经营管理者，2017（1）.
④ 纪慰华. 社会文化环境对企业网络构建的影响——以上海大众供货商网络为例[D]. 华东师范大学，2004.
⑤ 陈雯. 厦漳泉大都市区同城化：重塑发展新格局[M]. 科学出版社，2012.
⑥ 马中东. 基于分工视角的产业集群形成与演进机理研究[D]. 辽宁大学，2006.
⑦ 周超，沈正平，刘宁宁. 论长三角产业联动模式对江苏联动开发的启示[J]. 江南论坛，2007（3）：16-18.

州、四川、湖北、重庆和广西等西南部多山地区，近年来对贵州山地户外运动的研究呈现井喷式发展。唐尧[1]、高民[2]、甘小川[3]和周利[4]等学者均认为，贵州具有独特的自然、地理、历史和人文优势，可以大力发展山地户外运动产业。但在发展中存在着专业人才缺乏，基础设施不健全，行业不规范和环境受到破坏等因素，贵州山地户外运动发展机遇与挑战并存。张油福[5]、甘小川[6]、周波[7]等提出，要从合理规划、完善设施、保护生态、健全体系等方面发展贵州山地户外运动。孙国亮[8]、甘柏花[9]、汪淑玲[10]、彭婧[11]、周红伟[12]等分别对西安、宁波、赣州、重庆、浙江等地山地户外运动开展现状进行了调查研究，发现在发展中存在的问题与贵州发展中面临的问题一致，基本能体现出我国当前山地户外运动发展中存在的问题。在对策建议方面，学者们能根据各地实际情况提出有针对性的对策建议。罗锐认为，西南贫困地区开展山地户外运动要依托"体育+旅游"的方式，制定"点、轴、片、线"的山地运动规划，创建山地户外运动赛事驱动模式，打造特色山地户外旅游村寨等[13]；孙国亮提出，要通过完善组织管理体系，打造知名示范基地，构建安全保障体系，抓好专业人才培养来推动西安山地户外运动发展；周红伟提

① 唐尧. 贵州山地户外运动发展研究[J]. 四川体育科学，2016，35（4）：107-110.
② 高民. 浅谈贵州省山地户外运动的沿革与发展[J]. 贵州民族学院学报（哲学社会科学版），2012（4）：186-189.
③ 甘小川. 贵州省山地户外运动大省建设初探[D]. 成都体育学院，2016.
④ 周利. 贵州省山地户外运动可持续发展研究[J]. 当代体育科技，2014，4（21）：143-144.
⑤ 张油福，国伟，黄晓晓. 贵州发展山地户外体育旅游休闲产业的 SWOT 分析研究[J]. 南京体育学院学报（社会科学版），2013，27（3）：66-70.
⑥ 甘小川. 贵州省山地户外运动大省建设初探[D]. 成都体育学院，2016.
⑦ 周波，容丽. 花江示范区山地旅游资源开发研究[J]. 贵阳学院学报（自然科学版），2015，10（3）：50-53.
⑧ 孙国亮. 西安山地户外运动发展研究[D]. 西安体育学院，2014.
⑨ 甘柏花. 宁波市山地户外运动研究[J]. 宁波工程学院学报，2015，27（2）：82-86+92.
⑩ 汪淑玲. 赣州市高校山地户外运动开展现状研究[D]. 赣南师范学院，2013.
⑪ 彭婧. 重庆户外运动发展战略研究[D]. 西南大学，2012.
⑫ 周红伟. 浙江大明山景区山地户外运动基地建设研究[D]. 浙江农林大学，2011.
⑬ 罗锐，许军. 西南贫困地区山地户外运动资源开发研究[J]. 体育文化导刊，2018（1）：92-96.

出，要以管理系统为导向，重点突出项目系统的建设研究和安全保障系统的构建，推动浙江大明山景区山地户外运动基地建设[①]。

（二）山地户外运动赛事方面

对山地户外运动赛事的研究，张雨[②]、徐文琦[③]、王燕[④]、陆艳珊[⑤]、夏欢[⑥]等学者关注于赛事流程、组织管理、裁判员素质、赛事营销、资金管理和专业人才建设等方面，根据各自研究对象提出了相应的对策建议，目的是打造山地户外运动品牌赛事，突出赛事主题，提升赛事核心价值，塑造长远赛事品牌效应；魏汝岭[⑦]、董官清[⑧]、元冉冉[⑨]等学者对相关山地户外运动赛事中各代表队的成绩进行分析，从综合竞技能力和单项竞技能力方面找出与国外高水平国家间的差距，得出我国山地户外运动水平还比较低，在山地车、皮划艇和越野跑项目上与世界高水平国家之间的差距较大的结论。张小林、徐承玉、周海澜、殷治国、邬孟君等分析了山地户外运动赛与当地特色资源融合发展的路径；张小林认为，重庆武隆国际山地户外挑战赛对武隆的体育、旅游、文化和经济产生了积极的推动作用[⑩]；徐承玉提出，要加强山地

---

① 孙国亮. 西安山地户外运动发展研究[D]. 西安体育学院，2014.

② 张雨. 我国山地户外运动赛事组织理论与实践研究[D]. 北京体育大学，2011.

③ 徐文琦，吕璐露，徐承玉. 我国山地户外运动赛事发展现状与对策[J]. 体育成人教育学刊，2016，32（4）：15-19.

④ 王燕. 遵义国际山地户外运动挑战赛组织管理研究[D]. 四川师范大学，2017.

⑤ 陆艳珊. 基于态势分析法视角下山地户外赛事市场开发对策研究[D]. 成都体育学院，2017.

⑥ 夏欢. 重庆武隆国际山地户外运动公开赛运营研究[D]. 首都体育学院，2012.

⑦ 魏汝岭，杨绛梅，刘小学. 影响我国山地户外运动项目成绩的多因素分析——以2010年阿布扎比国际探险挑战赛为例[J]. 南京体育学院学报（自然科学版），2011，10（3）：147-149+155.

⑧ 董官清，边万忠，赵波. 2009国际山地户外运动竞技实力格局——以百色国际户外运动挑战赛为例[J]. 北京体育大学学报，2010，33（4）：140-142.

⑨ 元冉冉，刘小学. 2010国际山地户外运动竞技实力格局分析——以重庆武隆国际山地户外运动挑战赛为例[J]. 运动，2011（12）：51-52+83.

⑩ 张小林，张天成，朱福军. 我国西部地区户外运动资源开发与营销——以重庆武隆国际山地户外挑战赛为例[J]. 西安体育学院学报，2007(3)：40-43.

户外运动赛事与特色资源的深入融合与渗透，对山地户外运动赛事进行顶层设计，充分激发市场活力等建议[1]；周海澜从遵义市体育旅游产业开发的地域优势以及项目优势两方面提出，山地户外运动挑战赛的举办对当地体育旅游产业发展以及当地体育旅游产品开发有积极影响[2]；殷治国认为，可通过山地户外运动与民族传统体育融合来打造贵州少数民族传统体育特色的山地户外运动精品赛事[3]；邬孟君认为，要将贵州独特的地貌资源、民族文化资源、人文资源打造成贵州体育旅游品牌链，将贵州的山地户外运动做好、做大、做强[4]。

（三）山地户外运动产业方面

关于山地户外运动产业的研究，陈强[5]和李军[6]认为，山地户外运动作为新兴的体育产业，有着巨大的潜在市场。在发展山地户外运动产业方面，徐文琦等从山地户外运动市场空间、运动用品市场、参与人群及参与人数的消费结构四个方面对我国山地户外运动产业的发展现状进行分析，构建出我国山地户外运动产业的 SWOT 分析矩阵[7]；吴映雪从政策与需求、经济环境、资源建设、企业管理与产品创新、营销能力、客户服务、基础设施等七个方面提出南京市户外休闲体育产业发展对策[8]；段冉认为，通过拓宽融资渠道、优化融资结构、选择合适的融资方式，为贵州山地运动休闲产业的发展提供

---

[1] 徐承玉. 贵州群众性户外运动赛事可持续发展的影响因素研究[D]. 武汉体育学院，2017.

[2] 周海澜，罗露，郑丽. 体育赛事推动体育旅游协同发展研究——以贵州遵义娄山关·海龙囤国际山地户外运动挑战赛为例[J]. 体育科技文献通报，2016，24（5）：35-37.

[3] 殷治国，王锋，张筱晟. 贵州山地户外运动与少数民族传统体育融合发展研究[J]. 体育文化导刊，2017（6）：75-78.

[4] 邬孟君，刘进. 构建贵州体育旅游品牌链：以民族地域特色的山地运动为依托[J]. 西南师范大学学报（自然科学版），2014，39（8）：124-128.

[5] 陈强，宋海滨，唐新宇. 贵州山地户外运动产业发展制约因素及其对策研究[J]. 贵州民族大学学报（哲学社会科学版），2013（6）：137-140.

[6] 李军. 贵州省山地户外运动产业核心竞争力研究[J]. 四川体育科学，2011（2）：16-19.

[7] 徐文琦，江鹰，徐承玉. 基于SWOT分析对我国山地户外运动产业的研究[J]. 体育成人教育学刊，2016，32（6）：53-58.

[8] 吴映雪. 基于价值链理论的南京市户外休闲体育产业发展研究[D]. 南京师范大学，2017.

资金保障，提高融资效率，优化资源配置①。

（四）山地户外运动参与者方面

关于山地户外运动参与者的研究，学者较多集中在运动员身体机能、技术战术等方面。李佩聪②、刘小学③、吴静涛、张俊杰等学者对我国山地户外运动员的身体形态、生理机能、身体素质、专项成绩、心理素质、运动智力进行了研究；李佩聪发现，我国运动员体能恢复能力较差，中、外山地户外运动员上下肢和腰腹力量差异较明显；吴静涛以山地户外挑战赛运动员身体素质测试指标维度的影响权重为筛选要求，构建出符合山地户外挑战赛运动员身体素质应用的主成分方程，并应用于山地户外挑战赛运动员身体素质的研究中④；张俊杰发现，训练后，运动员的血红蛋白水平随运动量和强度的变化有显著性差异（$p<0.05$），运动员的血清睾酮水平受运动量和强度影响较大，肌酸激酶的活性变化能有效监控运动损伤的出现⑤。

（五）山地户外运动风险方面

关于山地户外运动风险现状，彭召方、姜梅英、徐鹏、李俊等学者对我国山地户外运动风险现状进行了深入研究，并得出各自的结论。彭召方建议，以政策法规、保障系统和教育系统为保障，同时处理好系统供需两侧的责任关系及与第三方（保险公司等）的利益关系，以实现整个预警系统的协调运行，进而推进我国山地户外运动的可持续发展⑥；姜梅英认为，中国山地

① 段冉．基于价值链模型的贵州山地运动休闲产业分析及融资策略研究[D].贵州财经大学，2014．

② 李佩聪．我国山地户外运动员竞技能力表现分析与发展对策研究——以近5年我国山地户外运动优胜代表队为例[J]．中国体育科技，2016，52（3）：132-139．

③ 刘小学，周宇，徐宏波，李庆庆，刘明星．浅谈高校山地户外项目运动员的科学选材指标体系构建[J]．运动，2012（1）：49-51．

④ 吴静涛．山地户外挑战赛运动员身体素质的研究[D]．广西民族大学，2016．

⑤ 张俊杰．对优秀山地户外运动员冬训期间身体机能变化及体能监控的研究[D].中国地质大学（北京），2013．

⑥ 彭召方，刘鸿优，国伟，陈晓洋，田淼淼，江玉辉，李波，罗芳全．我国山地户外运动风险评估指标体系与预警系统的构建[J]．体育学刊，2018，25（1）：68-73．

户外运动防范机制的建构需以风险管理机制和法律体系作为基础条件，建立山地户外运动网站监管机制、建立山地户外运动资质认证体系、建立山地户外运动器材装备质监体系，加强对山地户外运动市场的监管[①]；徐鹏对四川省山地户外运动山难的特点和原因进行了深度解析，找出了山难事故发生的具体事故原因，提出了具有可操作性和具有实践指导意义的建议、防范措施[②]；李俊认为，可以从建立完整的救援体系、建立严格的装备质量检验标准、加大主动防范和进行风险转移四个方面提出具体的解决措施，进一步推动山地户外运动的快速发展[③]；刁学慧、邹本旭等学者以山地户外运动员损伤为切入点，深入分析山地户外运动的风险管理及运动员损失防治；刁学慧得出，出血和扭伤在大学生山地户外运动损伤案例中出现概率最大等结论，并就如何降低大学生在山地户外运动中损伤概率这一问题提出了相应对策[④]；邹本旭认为，我国山地户外运动在安全措施等方面发展不完善，导致损伤率较高，其影响因素主要有参与者缺乏专业知识教育、装备不良和精力不集中三方面[⑤]。

（六）山地户外运动专业人才培养方面

关于山地户外运动专业课程和人才培养方面，高誉松认为，贵州省山地户外运动课程开设率偏低，教育经费投入不足，师资配备不到位，缺乏有力的宣传，并提出相应对策；雷帮齐等人认为，山地户外人才培养应依据培养目标，结合学院实际情况，探讨全程实践教学体系的构建和实施策略，以达到有效培养山地户外运动专业人才的目标[⑥]；邓万里提出，贵州特色的山地户外运动专业人才培养的构建模式，应提高人力资源储备和提升专业人员职业

---

① 姜梅英．中国山地户外运动风险防范机制研究[D]．北京体育大学，2013．

② 徐鹏．四川省山地户外运动山难成因分析及防范措施研究[J]．四川体育科学，2012（1）：67-72．

③ 李俊．山地户外运动生命安全风险分析与防范研究[D]．中国地质大学（北京），2015．

④ 刁学慧，魏汝领．简析大学生山地户外运动常见损伤急救及预防对策[J]．运动，2013（13）：84-85+106．

⑤ 邹本旭．对山地户外运动的损伤及预防措施的研究[J]．沈阳体育学院学报，2007（5）：108-110．

⑥ 雷帮齐，王南童．贵州山地户外运动人才全程实践教学模式实施策略研究[J]．西南师范大学学报（自然科学版），2018，43（4）：156-160．

能力，推动贵州省山地户外运动产业的健康、快速发展[①]；温杰研究发现，山地运动专业人才已经无法满足市场需求，各大高校应大力培养山地户外运动专业人才，不断提高山地运动专业人才培养技能[②]。

二、国外研究现状

学术界对山地户外运动的研究大多集中在山地户外运动领域的人体科学方向和训练学方向，很少有对山地户外运动赛事的研究，赛事方面的信息多是从新闻媒体报道和主办方的赛事介绍中获取的。

Jacques Michael 对新西兰举办的 MacPacSpring 挑战赛最终由 3 位女队员组成的参赛队获得赛事锦标的结果进行分析，认为户外赛事巨大的挑战性吸引了越来越多的女性参与到山地户外运动赛事之中[③]。Dos Santos，Marcelo Pastre 等学者从对参加过 Caloi Adventure 户外挑战赛的受伤运动员访谈中得知，定向穿越和山地自行车项目的运动员在山地户外运动赛事中容易发生伤病，伤病类型以肌肉组织受损为主。他认为，建立科学的训练体系、建立赛前预防和赛中快速救援体系，有助于降低参赛运动员的受伤概率[④]。

学界一般认为，1968 年举办的 Karrimor 国际山地马拉松代表着现代山地户外运动的诞生。1980 年，在新西兰举行了高山铁人大赛，参赛项目包含跑步、皮划艇及滑雪。这一年，RobinJudkins 创办了横穿大陆竞速赛，比赛项目包括越野、山地自行车、划艇，这正是现代山地户外运动的全部元素。1989年，由 Gerald Fusil 创办的"高卢突袭"户外运动赛事，包括现代山地户外运动的全部要素，包括混合性别团队和多比赛日以及总赛程长达 400 多英里（1英里≈1609.34 米）的远征长度比赛等。自 1989 年新西兰举办的首次越野探险挑战赛后，各种各样的户外活动和比赛在全世界如火如荼地开展起来。目前在欧洲和美国每年都有众多的大型挑战赛举行。其中，越野跑（简称 AR）系列赛和冠军赛（简称 ARWS）吸引了全球顶尖的耐力运动员参与，形成了世

---

① 邓万里，温杰. 山地户外运动专业人才培养模式的构建探讨——以贵州省为例[J]. 体育科技，2018（1）：72-73.

② 温杰，邓万里，查钰. 贵州高校山地运动专业人才技能培养探讨[J]. 当代体育科技，2017，7（32）：174-176.

③ Jacques, Michael. Spring challenge draws a crowd of women to adventure challenge [J]. Australian Triathlete, 2009, 16: 73-74.

④ Dos Santos, Marcelo Pastre. Adventure race's injuries [J]. Science & Sports Feb, 2009, 24: 15-21.

界著名户外赛事。每个 AR 系列赛事作为 AR 冠军赛的预选资格赛，都会设定一系列独特的赛程来吸引全世界各地顶尖户外运动员参加。参赛单位为队，每队 4 人，其中 1 名为女性，要在限定的时间内完成山地自行车、定向越野和皮划艇等运动项目的测试。各分赛与总决赛的赛程和路线在正式比赛之前都是绝对保密的，运动员要在比赛现场依靠自身的智慧、经验、体能和团队配合来完成比赛，因而赛事更具挑战性与公平性。

AR 系列赛和冠军赛的举办并不是一帆风顺的，首届比赛于 2001 年在瑞士举办，当时全球有 41 支队伍参加，赛况空前，人气也很旺。但由于资金等问题，2002 年和 2003 年 AR 赛事没能如期举办，到 2004 年 AR 系列赛和冠军赛又再次举办，并在之后数年间逐渐稳定下来，每年都举办一次大赛。2011 年，AR 赛事系列赛的管理权移交到澳大利亚，同年在澳大利亚的塔斯马尼亚举办了 AR 冠军赛，吸引了来自全球 21 个国家的 90 支队伍前来角逐，赛事规模创下了历年来之最。2011 年，AR 冠军赛的成功举办也证明了该赛事在全球户外运动赛事的影响力。AR 冠军赛正逐渐成长为世界上最重要的冒险竞速赛事。至今，户外运动赛事已在世界各国蓬勃发展起来，深受民众喜爱。

三、研究动态

区域联动最初用于区域经济治理，后扩大至多个领域，使系统各个要素之间围绕一定的目标相互关联并产生作用，目的是形成具有不同层次、结构和功能分工的综合体。这个综合体具有 "1+1>2" 的系统综合效应。目前，区域联动理论在城市管理、区域旅游发展方面有较多研究。

对目前我国有关山地户外运动赛事的研究发现，已有许多学者开始关注我国开展的山地户外运动赛事，有针对性地选取部分赛事进行个案研究，并得出结论：一方面，相关研究的涉及面和理论深度有待进一步拓展、深入；另一方面，山地户外运动项目的设定基本上照搬西方户外运动的模式，对我国本土民族传统体育项目资源的开发尚未涉足，研究视角有待进一步拓展。

第三章 贵州山地户外运动发展历程及赛事开展状况分析

第一节 贵州山地户外运动发展历程

一、萌芽时期（2004年以前）

20世纪90年代末,贵州省体育局尝试举办山地户外类活动,这可以算是山地户外运动在贵州的起源。1997年4月,首届中国国际皮划艇漂流赛在黔西南州兴义市马岭河峡谷举行,掀开了贵州山地户外运动赛事的篇章。在这次国际皮划艇漂流赛中,共有来自美国、德国、法国、日本、伊朗等国家和中国香港、中国澳门、中国台湾等地区的数十名皮划艇选手参加,国内20多家新闻媒体记者也纷纷进行了拍摄报道。

马岭河峡谷地处兴义市东4千米处,在国家4A级风景名胜区马岭河峡谷风景区内,峡谷全长70多千米,谷宽50~150米、谷深120~280米,是由远古造山运动剖削深切而形成的大裂水地缝,集雄、奇、险、秀一体,被称为"地球上最美丽的疤痕"。在这70多千米的峡谷中分布大小瀑布百余条,有的地段地势落差较大,有的地段平坦如镜,既可以开展激流回旋,也可以开展娱乐休闲漂流。马岭河峡谷漂流地段全程可分为4段,途径18滩、60余湾、30多潭、200多瀑布,漂完全程约8小时,沿途还可以开展徒步、露营、探险等活动。马岭河峡谷是贵州省唯一的激流皮划艇训练基地。国内很多知名户外运动专家把马岭河峡谷视为从事激流皮划艇运动的"黄金峡谷"。

在马岭河峡谷举办的首届中国国际皮划艇漂流赛,揭开了贵州山地户外运动赛的序幕。2000年1月在安顺市黄果树景区举办了全国首届新闻记者72小时野外生存与网络挑战赛,将贵州神奇多彩的山地户外运动资源呈现在世人面前,从此让世界认识到贵州山地的魅力。这两次比赛的成功举办,揭开了贵州山地户外运动的发展序幕。虽然之后几年内贵州山地户外运动没有得到蓬勃发展，但也为后来贵州山地户外运动赛事的举办积累了宝贵的经验。

二、形成时期（2004—2015 年）

进入 21 世纪，随着全民健身的不断发展和北京申奥成功，全国各地的运动赛事也蓬勃开展起来。2004 年，贵州省登山运动协会成立后，先后举办了一系列户外运动赛事和活动。如：2004 年 8 月举办了贵州省第一次"汽车短道拉力赛"；2005 年 8 月举办了全国汽车拉力赛六盘水站比赛；2005 年 9 月在龙宫景区举办了全国舞龙精英赛；2005 年 9 月在紫云举办了贵州省第一届紫云格凸山地极限挑战赛等。

2006 年，贵州省首次提出"大力发展户外体育"。在这一时期，贵州相继举办了国内、国际众多有影响力的山地户外运动赛事。如：2007 年 7 月晴隆首届全国汽车爬坡赛，2007 年 11 月首届万峰湖全国野钓大奖赛，2008 年 9 月首届遵义娄山关国际山地户外运动挑战赛，2008 年 10 月黔西南州首届全国山地运动会。贵州大学和贵阳医学院等有关院校相继开设山地户外体育运动专业，建设训练基地，成立户外运动队，造就了一批在全国具有一定影响力的户外运动俱乐部。在赛事的带动下，全省各地掀起了一股户外健身热潮，推出了一批丰富多彩的体验型、娱乐型、参与型和自助型的体育旅游项目，如徒步、漂流、露营、登山、洞穴探险、汽车自驾游、攀岩定向越野、山地自行车运动、滑翔伞运动等。

2010 年《贵州省国民经济和社会发展第十二个五年规划纲要》就提出"要将贵州打造成为山地户外活动基地"，贵州省政府工作报告中也明确指出把"大力发展山地户外运动"作为体育事业发展的重要支点。在多项政策的支持下，贵州山地户外运动赛事如雨后春笋般发展起来，赛事举办越来越规范，政策法规越来越完善。2012 年 6 月成立了贵州省山地户外运动管理办公室，出台了《山地户外运动大省建设规划》，并组织相关部门对开展山地户外运动的科学性、实践性和可行性进行了论证；2014 年省体育局提出了"加大山地户外营地、基地以及户外健身步道的建设，打造山地户外品牌赛事"。至此，贵州山地户外运动赛事规模逐渐形成，赛事数量稳中有升，级别不断提升，质量也不断提高。

三、发展时期（2015年至今）

2015年省体育局根据省委、省人民政府制定的《贵州省国民经济和社会发展第十三个五年规划纲要》对贵州体育工作提出新要求，提出把推进贵州山地户外运动、民族特色体育大省强省作为今后工作的重点。2015年，首届国际山地旅游大会在黔西南成功召开，标志着贵州山地户外运动走上高速发展之路，贵州省也投入空前的力度打造山地户外运动新纪元。2015年10月，首届国际山地旅游大会在黔西南州兴义市万峰林国际会议中心隆重开幕。此次大会以"山地旅游·绿色运动·同向发展"为主题，结合"多彩贵州"文化特色，开展旅游文化专场推介、智慧旅游大数据应用成果展、启动山地旅游线上平台等10项主体活动。大会期间举办了万峰林国际自行车赛、万峰林国际徒步大会、贞丰三岔河露营大会、万峰湖野钓大奖赛、坝陵河大桥低空跳伞挑战赛、遵义娄山关·海龙屯国际山地户外运动挑战赛等多项由贵州省联动举办的国际性体育赛事，吸引了美国、英国、法国、德国、俄罗斯、加拿大、意大利、瑞典、芬兰、泰国等36个国家体育名将，形成山地户外运动休闲新热潮。

2016年贵州省委、省政府提出，要充分发挥山地户外运动资源优势，精心打造"水、陆、空"山地户外休闲运动项目和具有国际国内影响力的山地户外民族特色精品体育赛事，全力推进100个生态体育公园、100条山地户外体育旅游线路和山地户外营地建设，全力加快健康贵州建设。2016年9月，贵州省山地户外运动管理中心挂牌成立，这是全国第一个山地户外运动管理中心。2016—2018年，国际山地旅游暨户外运动大会在黔西南州兴义市连续召开，不断将贵州山地户外运动赛事推向高潮。赛事平台搭建越来越专业，赛事级别逐渐走向国际级，赛事数量呈现井喷之势，年均数量达50余项，对社会经济文化发展的推动愈发明显，贵州山地户外运动赛进入高速稳定发展的阶段。

贵州省15大国际性山地赛事一览如表3-1所示。

表3-1　贵州省15大国际性山地赛事一览

赛事名称	赛事举办地	举办时间
国际山地旅游暨户外运动大会	黔西南州	10月左右
中国·贵州·金沙亚洲山地竞速挑战赛	贵州省金沙县后山镇	9月
梵净山国际公路自行车赛	铜仁赛程区域	10—11月

续表

赛事名称	赛事举办地	举办时间
中国·黄果树坝陵河大桥低空跳伞国际邀请赛	安顺市黄果树	10月底或11月初
中国紫云格凸河国际攀岩节	安顺市紫云格凸河	8月至10月期间
兴义万峰林国际徒步大会	兴义市	9月
兴义万峰林国际公路自行车赛	兴义市	9月
兴义白龙山国际山地越野跑公开赛	兴义市	9月
安龙国际攀岩精英赛	安龙县笃山	9月
贞丰三岔河国际露营大会	贞丰县三岔河	9月
遵义娄山关海龙屯国际山地户外运动挑战赛	遵义市汇川区	9月
贵州环雷公山超100千米国际马拉松赛	凯里市·雷山县·镇远县	11月
西望山山地国际越野跑挑战赛	贵阳市息烽县西山镇	每年4—5月
国际高原山地穿越挑战赛	毕节市赫章县	每年8月或9月
国际山地户外运动挑战赛	黔西南州瓮安县	每年9—10月

第二节　贵州山地户外运动赛事开展现状分析

一、赛事项目数量分析

由于研究时间所限，本研究只统计了2016年9月至2018年9月贵州山地户外运动赛事项目。通过专家访谈、网络查询和政府公报，共整理出95项山地户外运动赛事项目，并将这些赛事项目进行归类整理分析。

据不完全统计，2016年9月至2018年9月2年间，贵州共举办了自行车、马拉松、滑翔伞、攀岩、健身跑、汽车拉力赛、徒步、露营、独竹漂、野钓、瀑布跳水、跳伞、溯溪越野、登山、冬泳、滑雪、山地救援、放风筝、摩艇、定向越野、热气球及综合山地户外运动赛事22类95项，平均每年举办47.5项，平均每月近4项(见表3-2)。举办次数最多的是山地自行车、综合性运动赛事、马拉松及健身跑4项，分别是20次、11次、10次和10次，占举办赛事总数的53.7%，举办次数最少的是独竹漂、瀑布跳水、摩艇、放风筝、定向越野和热气球 6 项，各只有 1 次，占赛事总数的 6.3%。

表 3-2　近 2 年贵州山地户外竞赛项目频次统计

项目	频率	百分比/%	累积百分比/%
自行车	20	21.1	21.1
马拉松	10	10.5	31.6
滑翔伞	5	5.3	36.8
攀岩	7	7.4	44.2
健身跑	10	10.5	54.7
汽车拉力赛	4	4.2	58.9
徒步	5	5.3	64.2
综合	11	11.6	75.8
露营	2	2.1	77.9
独竹漂	1	1.1	78.9
野钓	2	2.1	81.1
瀑布跳水	1	1.1	82.1
跳伞	2	2.1	84.2
溯溪越野	2	2.1	86.3
登山	3	3.2	89.5
冬泳	2	2.1	91.6
滑雪	2	2.1	93.7
山地救援	2	2.1	95.8
摩艇	1	1.1	96.8
风筝	1	1.1	97.9
定向越野	1	1.1	98.9
热气球	1	1.1	100.0
合计	95	100.0	

　　如此高密度、高规格、高数量的山地户外运动赛事在全国其他省区实属罕见。这都得益于贵州天然的、丰富的户外运动资源和贵州中长期发展规划。有的山地户外运动赛事已连续举办多年，如贵州镇宁·黄果树国际半程马拉松赛，已连续举办了 13 届，遵义娄山关·海龙屯国际山地户外运动挑战赛已举办了 10 届，铜仁梵净山国际公路自行车邀请赛已举办了 7 届，六盘水

夏季国际马拉松赛暨全国马拉松锦标赛已举办了 5 届。连续多年的赛事举办不仅推动了地方经济发展，同时也成为贵州对外宣传的名片。赛事经验的积累也为省内其他山地户外运动赛事的开展提供了较多的经验。

二、赛事规模分析

近 2 年，参加贵州山地户外运动竞赛的运动员人数多达 21.18 万，平均每个项目参与 2 230 人。按照参与人数可将竞赛规模分为 7 个等级，分别是：低于 50 人，51～99 人，100～199 人，200～499 人，500～999 人，1 000～2 999 人和 3 000 人及以上（见表 3-3）。统计结果显示，近 2 年贵州山地户外运动赛事规模低于 50 人的有 4 项，占总数的 4.2%。这 4 项分别是：2016 年 10 月在赤水市举办的 VITA COCO 瀑布跳水精英赛，共有 12 名国内外运动员参加；2016 年 10 月在安顺市举办的中国·黄果树坝陵河大桥低空跳伞国际邀请赛，共有 36 名运动员参加；2018 年 6 月在息烽县举办的全国滑翔伞定点联赛，共有 42 名运动员参加。风险系数高是这些户外运动项目的共同特点。由于风险系数高，许多运动员望而却步。另外，高额的装备投入也是限制这些项目普及开展的重要因素之一。在赛事规模的 7 个等级中，参与人数在 200～499 人的赛事项目数量较多，占总量的 24.2%，主要集中在自行车、攀岩、冬泳、野钓、登山和户外穿越等项目。参与人数在 3 000 人以上的赛事项目有 16 项，占总量的 16.8%，主要集中在马拉松、越野和徒步等项目，其中马拉松就占到了 7 项。

表 3-3　近 2 年贵州山地户外运动赛事规模统计

	频率	百分比 /%	有效百分比 /%	累积百分比 /%
低于 50 人	4	4.2	4.2	4.2
51～99 人	10	10.5	10.5	14.7
100～199 人	11	11.6	11.6	26.3
200～499 人	23	24.2	24.2	50.5
500～999 人	11	11.6	11.6	62.1
1 000～2 999 人	20	21.1	21.1	83.2
3 000 人及以上	16	16.8	16.8	100.0
合计	95	100.0	100.0	

三、赛事举办时间分析

近 2 年，贵州山地户外运动赛事的举办数量呈现出井喷态势（见表 3-4）。2016—2017 年全省共举办了 49 项重大山地户外运动赛事，2017—2018 年共举办了 46项。这种连续多年数量规模庞大的态势在全国其他省区是极其少见的，主要得益于各级政府的高度重视，全省着力打造户外运动大省，积极举办各级户外运动赛事，吸引国内外运动员参数，以提高知名度。

表 3-4　近 2 年贵州山地户外竞赛年度统计

年份	频率	百分比/%	累积百分比/%
2016—2017	49	51.6	51.6
2017—2018	46	48.4	100.0
合计	95	100.0	

近 2 年贵州山地户外运动赛事共举办了 195 天，平均每 4 天就开展一项赛事。从赛事举办的天数来看，赛期 1 天的共 44 项，占总数的 46.3%，主要项目有自行车、徒步、露营、马拉松、越野、摩艇、风筝、登山等；赛期 2 天的共 20 项，占总数的 21.1%，主要项目有越野、滑翔伞、铁人三项、攀岩、自行车等；赛期 3 天的共 18 项，占总数的 18.9%，主要项目有野钓、汽车拉力、持杖徒步、超长马拉松、综合性运动会等；赛期 4 天的共 8 项，占总数的 8.4%，主要项目有汽车拉力赛、低空跳伞、攀岩、滑雪、高原山地穿越挑战赛等；赛期 5 天的共 5 项，占总数的 5.3%，主要项目有汽车越野、低空跳伞、滑翔伞、热气球等（见表 3-5）。

表 3-5　近 2 年贵州山地户外竞赛举办天数统计

天数	频率	百分比/%	累积百分比/%
1	44	46.3	46.3
2	20	21.1	67.4
3	18	18.9	86.3
4	8	8.4	94.7
5	5	5.3	—　　100.0
合计	95	100.0	

　　就全年来看，贵州山地户外运动赛事的举办时间呈现出明显的规律性（见图 3-1）。近 2 年，贵州省上半年举办的赛事数量普遍较少，只有 16 项，只占总量的 16.8%，而下半年却呈现出井喷之状，共举办了 79 项，占总数的83.2%，平均每月都要举办 10 项以上。

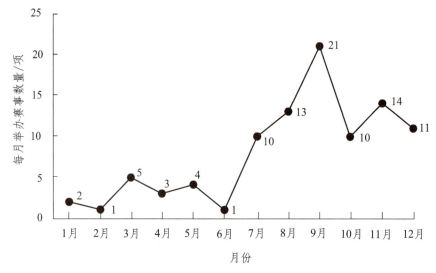

图 3-1　近两年贵州山地户外运动赛事每月举办赛事数量分布

　　图 3-2 显示的是 2017 年度贵州山地户外运动赛事开展的时间序列。2017 年度贵州共举办了 48 项重大山地户外运动赛事，但在前 6 个月仅举办了 10 项。值得注意的是，六月份居然没有举办赛事，而在 2018 年 6 月也只举办了1 项山地户外运动赛事。2017 年前 6 个月分别举办了滑雪、越野、自行车、风筝、登山、汽车拉力赛等项目，项目特征与季节相符性很高，可惜举办的项目太少了。2017 年下半年，共举办了 38 项重大户外运动赛事，平均每月举办 6.3 项。由于 8 月份黔西南州举办全国山地旅游及户外运动大会，贵州省8 月份的 7 项户外运动赛事均在黔西南州举办，其他地区都没举办。就季节特征来看，健身跑和自行车运动贯穿全年，冬泳和滑雪运动在冬季举办，其他项目在全年各个季节都有开展。

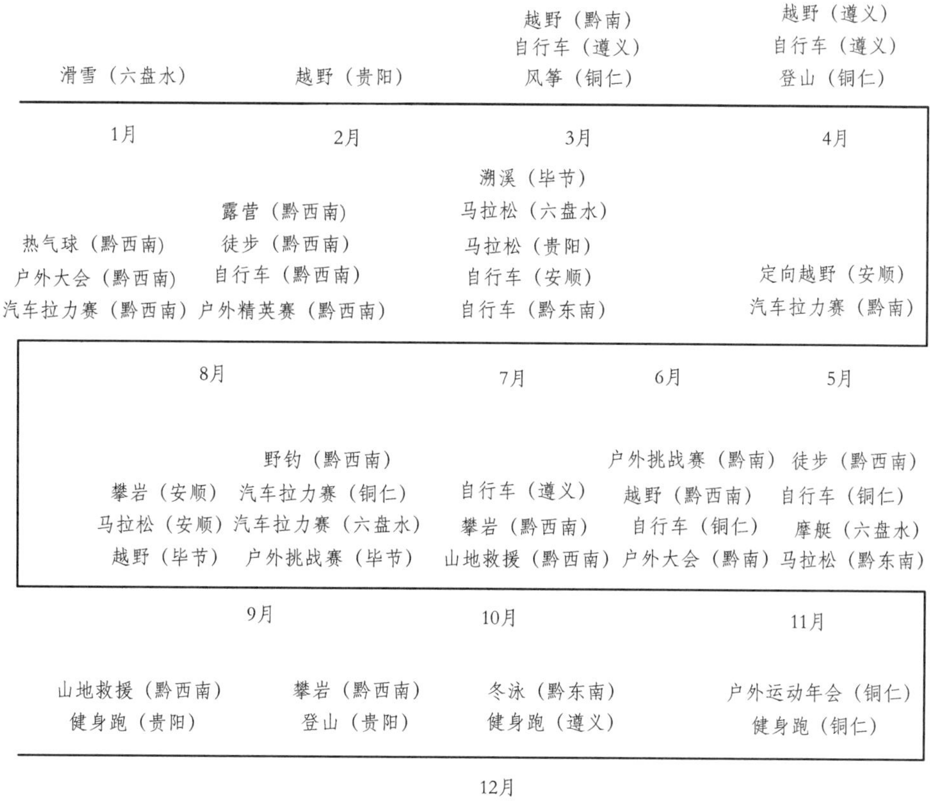

		越野（黔南）	越野（遵义）
		自行车（遵义）	自行车（遵义）
滑雪（六盘水）	越野（贵阳）	风筝（铜仁）	登山（铜仁）
1月	2月	3月	4月

		漂溪（毕节）	
	露营（黔西南）	马拉松（六盘水）	
热气球（黔西南）	徒步（黔西南）	马拉松（贵阳）	
户外大会（黔西南）	自行车（黔西南）	自行车（安顺）	定向越野（安顺）
汽车拉力赛（黔西南）	户外精英赛（黔西南）	自行车（黔东南）	汽车拉力赛（黔南）

8月	7月	6月	5月
	野钓（黔西南）		户外挑战赛（黔南）　徒步（黔西南）
攀岩（安顺）　汽车拉力赛（铜仁）	自行车（遵义）	越野（黔西南）	自行车（铜仁）
马拉松（安顺）　汽车拉力赛（六盘水）	攀岩（黔西南）	自行车（铜仁）	摩艇（六盘水）
越野（毕节）　户外挑战赛（毕节）	山地救援（黔西南）	户外大会（黔南）	马拉松（黔东南）

9月	10月	11月
山地救援（黔西南）	攀岩（黔西南）	冬泳（黔东南）	户外运动年会（铜仁）
健身跑（贵阳）	登山（贵阳）	健身跑（遵义）	健身跑（铜仁）

12月

图 3-2　2017 年贵州山地户外竞赛项目开展时间序列

四、赛事举办空间分析

就贵州山地户外运动赛事地域分布情况来看，2017 年度贵州北部地区毕节市、遵义市和铜仁市举办赛事项目数量较少，只有 15 项，占全省 2017 年度户外运动赛事总量的 31.3%，主要集中在自行车和健身跑，其他户外项目举办数量较少。贵州省中东部地区贵阳市、黔东南、黔南 3 个地区举办赛事数量为 10 项，占全省 2017 年度户外运动赛事总量的 20.8%，赛事项目有冬泳、马拉松、汽车拉力赛、健身跑、登山等。贵州省中西部六盘水市、安顺市和黔西南州近几年户外运动赛事数量增长势头迅猛，2017 年度共举办 23 项赛事，占全省总量的 47.9%，不仅数量庞大，种类也很丰富，主要项目有滑雪、汽车拉力赛、摩艇、自行车、徒步、露营、热气球、攀岩等。

从各地区举办城市来看，贵州省北部三市赛事举办城市相对集中，毕节市集中在毕节市和金沙县，遵义市集中在遵义市、湄潭县、习水县和赤水市，铜仁市集中在铜仁市、万山区和玉屏县。贵州省中东部三市州赛事举办地点相对分散，贵阳市集中在贵阳市和清镇市，黔东南州集中在黄平县、镇远县、施秉县、雷山县，黔南州集中在都匀市、惠水县和三都县。贵州省西部三市州的赛事举办地较分散，六盘水市集中在六盘水市、水城县和盘州市，安顺市集中在安顺市、镇宁县和紫云县，黔西南州集中在兴义市、贞丰县、普安县、晴隆县和安龙县。

从项目的举办时间来看，全省上半年举办项目数量较少，主要集中在下半年。全省各市州全年都举办过山地户外运动赛事，也都集中在下半年。其中 11 月和 12 月是举办户外运动赛事的高峰期，分别举办了 8 项，2 个月举办的赛事数量占全年总量的 1/3，期间黔西南州和铜仁分别举办 4 项，贵阳、黔南、黔东南各 2 项，遵义和六盘水各 1 项，安顺和毕节 11 月和 12 月没有举办山地户外运动赛事。

五、各地区赛事项目差异分析

贵州省总面积 17.61 万平方千米，共有 9 个地级行政区划单位。近 2 年，各地级行政区举办的山地户外运动赛事数量不一（见表 3-6）。其中，黔西南州共举办 26 项重大山地户外运动赛事，占全省总量的 27.4%，主要竞赛项目有徒步、自行车、攀岩、野钓、露营、热气球、越野跑、马拉松等。毕节市和黔东南州举办项目较少，毕节市举办的赛事项目主要有越野、山地竞速和登山运动，黔东南州举办的赛事项目有铁人三项、冬泳、马拉松和自行车。

表 3-6　近两年贵州各地区山地户外竞赛概况一览表

项目	贵阳	遵义	毕节	铜仁	六盘水	安顺	黔南	黔东南	黔西南	合计
项目数量	9	9	5	9	11	11	9	7	25	95
项目种类	5	5	4	4	7	5	5	4	14	41
参与人数	24 121	13 693	14 220	13 504	65 136	25 026	11 004	10 530	34 595	211 829
累计天数	16	15	8	17	19	27	22	12	52	188

贵阳、遵义、铜仁、六盘水、安顺和黔南州举办的赛事项目数量相对均衡，在 9～11 项目次。贵阳市举办了 5 类 9 项目次，项目涉及越野、自行车、滑翔伞、登山和马拉松；遵义市举办了 5 类 9 项目次，项目涉及自行车、越

野、溯溪、瀑布跳水和户外挑战赛；毕节市举办了 4 类 5 项目次，项目涉及溯溪越野、山地竞速、山地穿越和登山；铜仁市举办了 4 类 9 项目次，项目涉及自行车、健身跑、汽车越野、登山等；六盘水市举办了 7 类 11 项目次，项目涉及滑翔伞、自行车、滑雪、马拉松、摩艇、汽车拉力和攀岩等；安顺市举办了 5 类 11 项目次，项目涉及自行车、攀岩、马拉松、低空跳伞、徒步等；黔南州举办了 5 类 9 项目次，项目涉及自行车、越野、冬泳、汽车拉力和综合运动会等；黔东南州举办了 4 类 7 项目次，项目涉及铁人三项、自行车、冬泳和马拉松等；黔西南州举办了 14 类 25 项目次，项目涉及越野、攀岩、山地救援赛、徒步、野钓、自行车、露营、汽车拉力、独竹漂、热气球、马拉松和综合性赛事等。（见图 3-3 和图 3-4）

赛事规模也是体现赛事影响力的一项重要指标。贵州省近 2 年赛事规模均超过 10 000 人次，规模最大的是六盘水市，达 6.5 万人次；其次是黔西南州，为 3.5 万人次；贵阳市和安顺的赛事规模在 2.5 万人次左右；遵义市、毕节市、黔南州和黔东南州赛事规模较小，规模在 1.0 万~1.4 万人次。六盘水市举办赛事数量虽然不多，但参与人数多达 6.5 万人次。这主要得益于举办的马拉松竞赛，每年六盘水马拉松赛参加的运动员就多达 3 万多人。黔西南州 2 年间共举办 25 项重大山地户外运动赛事，但参加的运动员仅有 3.5 万人，平均 1 383 人/次，规模稍显逊色。（见图 3-5）

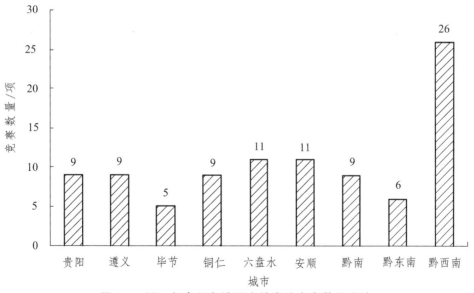

图 3-3　近 2 年贵州各地区山地户外竞赛数量统计

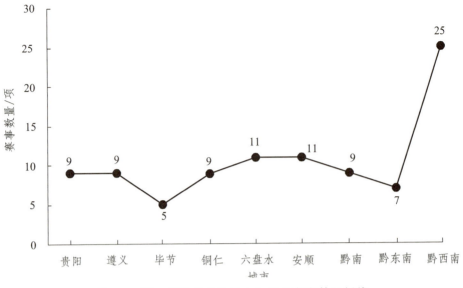

图 3-4　近 2 年贵州各地区山地户外赛事数量折线

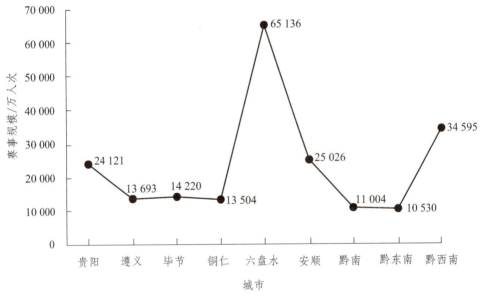

图 3-5　近 2 年贵州各地区山地户外赛事规模折线

　　贵州省近 2 年举办赛事累计天数达 188 天，平均 94 天/年，相当于一年内有 1/4 的时间在举办赛事（见图 3-6）。累计举办天数最多的地区是黔西南州，高达 52 天;其次是安顺市和黔南州，分别有 27 天和 22 天;贵阳市、遵义市、铜仁市、六盘水市和黔东南州，累计举办天数在 10～20 天。毕节市累计举办天数最少，只有 8 天。

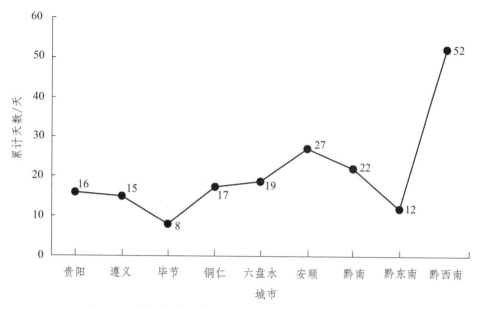

图 3-6　近 2 年贵州各地区山地户外赛事累计天数折线

表 3-7 显示，在近 2 年贵州举办的 95 项重大山地户外运动赛事中，举办天数只有 1 天的有 44 项，占总数的 46.3%；举办天数为 2 天的有 20 项，占总数的 21.1%；举办天数为 3 天的有 18 项，占总数的 18.9%；举办天数为 4 天的有 8 项，占总数的 8.4%；举办天数为 5 天的有 5 项，占总数的 5.3%。贵阳市举办的 9 项赛事中，举办天数低于或等于 2 天的有 8 项，分别是健身跑、自行车和登山，只有 1 项赛事举办天数为 5 天，该赛事项目为滑翔伞。遵义市举办的 9 项赛事中，有 6 项赛事举办天数为 1 天，项目分别为瀑布跳水、公路自行车和户外挑战赛；有 3 项赛事举办天数为 3 天，项目分别为山地自行车和山地穿越。毕节市举办的 5 项赛事中有 3 天举办天数为 1 天，项目分别为溯溪越野和山地竞速，举办天数较多的赛事项目为山地穿越挑战赛和登山精英赛，分别为 4 天和 5 天。铜仁市举办的 9 项赛事中有 7 项举办天数低于或等于 2 天，项目分别为自行车、健身跑、放风筝和登山，举办天数较多的项目为户外运动联盟年会和汽车场地越野赛，分别为 3 天和 5 天。六盘水市举办的 11 项赛事中有 8 项举办天数低于或等于 2 天，项目分别为摩艇赛、马拉松、滑翔伞、汽车拉力和山地自行车赛，举办天数较多的项目为滑雪和攀岩，分别为 3～4 天。安顺市举办的 11 项赛事中有 6 项低于或等于 2 天，

项目分别为徒步、自行车和马拉松，举办天数为 3～5 天的项目是攀岩和低空跳伞。黔南州举办的 9 项赛事中有 4 项举办天数低于或等 2 天，项目分别为自行车和越野，举办天数为 3～5 天的项目是户外挑战赛、冬泳、汽车短道拉力赛和户外运动大会。黔东南州举办的 6 项赛事中有 4 项举办天数低于或等于 2 天，项目分别为冬泳、自行车和铁人三项，举办天数为 3 天的项目是环雷公山超 100 千米国际马拉松。黔西南州举办的 26 项赛事中有 18 项举办天数低于或等于 2 天，项目分别为攀岩、徒步、山地越野跑、滑翔伞、自行车、露营和马拉松，举办天数为 3 天及以上的项目为热气球、野钓、户外运动大会、山地救援交流赛和汽车越野。

表 3-7　近 2 年贵州各地区山地户外竞赛项目举办天数统计

天数	贵阳	遵义	毕节	铜仁	六盘水	安顺	黔南	黔东南	黔西南	合计
1	5	6	3	5	5	4	3	3	10	44
2	3	0	0	2	3	2	1	1	8	20
3	0	3	0	1	1	2	3	2	6	18
4	0	0	2	0	2	2	2	0	1	8
5	1	0	1	1	0	1	0	0	1	5
合计	9	9	5	9	11	11	9	6	26	95

　　通过表 3-8 可以看出，近 2 年贵州各地区开展户外运动赛事较多的项目为自行车、综合性赛事、马拉松和健身跑，这几项的总和为 51 项，占总数的 53.7%。自行车项目开展的最为普及，除毕节市外，其他地区均有开展，年均 1 项，遵义和铜仁年均 2 项。有的户外运动项目 2 年内只在一个地区开展一次，如 2017 年黔西南举办的热气球赛，2017 年安顺举办的贵州定向运动锦标赛，2017 年铜仁举办的风筝锦标赛，2017 年六盘水举办的摩艇联赛，2016 年遵义举办的瀑布跳水，2016 年黔西南举办的独竹漂公开赛。同一地区连续 2 年都开展的项目并不多，贵阳市开展的有自行车、马拉松和户外越野跑，遵义市开展的有自行车和户外越野跑，毕节市连续 2 年都举办了溯溪越野赛，铜仁市只连续举办了自行车赛，六盘水市举办了马拉松、滑翔伞和滑雪，安顺市连续举办了自行车、马拉松、攀岩和低空跳伞，黔南州连续举办了自行车和综合性户外运动大会，黔东南州连续举办了自行车和马拉松，黔西南州连续举办了自行车、马拉松、户外越野跑、攀岩、徒步、露营、野钓、山地救援交流赛和综合性户外运动大会。由此可见，贵州各地区举办户

外运动赛事逐渐呈现出一定的规律性。这对于该地区该项户外运动赛事的发展具有良好的导向作用，有助于打造品牌赛事，扩大对外影响力。也有部分户外运动项目在近2年内只开展了1次，没有形成周期性户外运动赛事，说明主办方在举办过程中可能遇到一些不可抵抗的因素，也可能是主办方在第一次盲目举办赛事后趋于冷静，也有可能该项赛事没有取得预期效益而取消。这种现象符合事物发展的规律，毕竟有的项目会在竞争中被淘汰，以逐渐形成符合贵州地方特色的山地户外运动项目。

表 3-8 近 2 年贵州各地区山地户外竞赛项目分布表

项目	贵阳	遵义	毕节	铜仁	六盘水	安顺	黔南	黔东南	黔西南	合计
自行车	2	5	0	4	1	2	2	2	2	20
马拉松	2	0	0	0	2	2	0	2	2	10
滑翔伞	1	0	0	0	3	0	0	0	1	5
攀岩	0	0	0	0	1	3	0	0	3	7
健身跑	3	2	1	1	0	0	1	0	2	10
汽车拉力赛	0	0	0	1	1	0	1	0	1	4
徒步	0	0	0	0	0	0	1	0	4	5
综合	0	1	1	1	0	0	4	1	3	11
露营	0	0	0	0	0	0	0	0	2	2
独竹漂	0	0	0	0	0	0	0	0	1	1
野钓	0	0	0	0	0	0	0	0	2	2
瀑布跳水	0	1	0	0	0	0	0	0	0	1
跳伞	0	0	0	0	2	0	0	0	0	2
溯溪越野	0	0	2	0	0	0	0	0	0	2
登山	1	0	1	1	0	0	0	0	0	3
冬泳	0	0	0	0	0	0	1	1	0	2
滑雪	0	0	0	0	2	0	0	0	0	2
山地救援	0	0	0	0	0	0	0	0	2	2
摩艇	0	0	0	0	1	0	0	0	0	1
风筝	0	0	0	1	0	0	0	0	0	1
定向越野	0	0	0	0	0	1	0	0	0	1
热气球	0	0	0	0	0	0	0	0	1	1
合计	9	9	5	9	11	11	9	6	26	95

从近2年贵州各地区举办户外运动赛事的规模来看，低于50人的规模有

4 项，51~99 人的有 10 项，100~199 人的有 11 项，200~499 人的有 23 项，500~999 人的有 11 项，1 000~2 999 人的有 20 项，3 000 人及以上的有 16 项（见表 3-9）。各地区均开展有 3 000 人及以上规模和 200~499 人规模的赛事。通过调查发展，贵州各地区都举办了人数超过 3 000 人的大型户外运动赛事，这些赛事集中在马拉松、越野、徒步及综合性户外运动会。参加人数在 200~499 人的赛事集中在自行车、野钓和越野项目。

表 3-9 近 2 年贵州各地区山地户外竞赛项目举办规模统计

规模	地区									
	贵阳	遵义	毕节	铜仁	六盘水	安顺	黔南	黔东南	黔西南	合计
低于 50 人	0	1	0	0	0	0	1	0	2	4
51~99 人	2	1	0	0	1	0	1	0	5	10
100~199 人	0	0	1	2	3	2	1	0	2	11
200~499 人	1	3	0	3	3	2	3	1	7	23
500~999 人	1	2	2	2	0	0	0	0	3	11
1 000~2 999 人	3	1	0	0	2	4	3	3	4	20
3 000 人及以上	2	1	2	1	2	2	1	2	3	16
合计	9	9	5	9	11	11	9	6	26	95

由于各项目的性质不同，有的项目开展时间比较短，只需要短短几个小时就可以完成，有的项目则需要持续几天才能完成。对近 2 年贵州山地户外运动赛事各项目开展时长进行统计发现，各个项目差异性明显（见表 3-10）。自行车项目开展 1 天的有 13 次，2 天的有 5 次，3 天的有 2 次，平均 1.5 天/次；马拉松项目开展 1 天的有 8 次，3 天的有 2 次，平均 1.4 天/次；滑翔伞开展 2 天的有 4 次，5 的有 1 次，平均 2.6 天/次；攀岩举办 2 天的有 2 次，三天的有 3 次，4 天的有 2 次，平均 2.2 天/次；健身跑开展 1 天的有 4 次，2 天的有 4 次，3 天的有 1 次，4 天的有 1 次，平均 1.9 天/次；汽车拉力赛举办 1 天、3 天、4 天、5 天的各有 1 次，平均 3.3 天/次；徒步开展 1 天的有 3 次，2 天的有 1 次，3 天的有 1 次，平均 1.6 天/次；综合性户外运动赛事开展 1 天的有 3 次，2 天的有 3 次，3 天的有 4 次，4 天的有 1 次，平均 2 天/次；露营开展 1 天的有 2 次，平均 1 天/次；独竹漂开展 1 天的有 1 次，平均 1 天/次；野钓开展 3 天的有 2 次，平均 3 天/次；瀑布跳水开展 1 天的有 1 次，平均 1 天/次；低空跳伞举办 4 天和 5 天的各 1 次，平均 4.5 天/次；溯溪越野举办 1

天的有 2 次，平均 1 天/次；登山开展 1 天的有 3 次，平均 1 天/次；冬泳均 1 天和 3 天的各 1 次，平均 1.5 天/次；滑雪举办 3 天和 4 天的各 1 次，平均 3.5 天/次；山地救援交流赛开展 2 天和 4 天的各 1 次，平均 3 天/次；摩艇、风筝和定向越野都只开展 1 天/次，热气球则开展 5 天/次。

表 3-10　近两年贵州山地户外竞赛项目举办天数统计表

项目	1 天	2 天	3 天	4 天	5 天	均值	合计
自行车	13	5	2	0	0	1.5	20
马拉松	8	0	2	0	0	1.4	10
滑翔伞	0	4	0	0	1	2.6	5
攀岩	0	2	3	2	0	2.2	7
健身跑	4	4	1	1	0	1.9	10
汽车拉力赛	1	0	1	1	1	3.3	4
徒步	3	1	1	0	0	1.6	5
综合	3	3	4	1	0	2	11
露营	2	0	0	0	0	1	2
独竹漂	1	0	0	0	0	1	1
野钓	0	0	2	0	0	3	2
瀑布跳水	1	0	0	0	0	1	1
跳伞	0	0	0	1	1	4.5	2
溯溪越野	2	0	0	0	0	1	2
登山	3	0	0	0	0	1	3
冬泳	1	0	1	0	0	2	2
滑雪	0	0	1	1	0	3.5	2
山地救援	0	1	0	1	0	3	2
摩艇	1	0	0	0	0	1	1
风筝	1	0	0	0	0	1	1
定向越野	1	0	0	0	0	1	1
热气球	0	0	0	0	1	5	1
合计	44	20	18	8	5		95

第四章　贵州民族特色资源与山地户外运动赛事融合分析

第一节　贵州民族特色山地户外运动资源

一、民族节庆

贵州省少数民族人口约 1 255 万人，居全国第 4 位，占全省常住人口的 36%。全省有苗族、布依族、侗族、水族、仡佬族、土家族、彝族、白族、回族、壮族、蒙古族、瑶族、毛南族、仫佬族、满族、畲族、羌族等 17 个世居少数民族，共分布有 49 个民族。由于历史上长期交通闭塞，少数民族的文化传统和生活习俗保存得较为完整，风格迥异，创造了"一山不同族，五里不同俗，十里不同风"的民族文化奇观，被称为"世界上最大的原生态民族博物馆"。在这样丰富多彩的"博物馆"中，自然蕴藏了数量庞大的"奇珍异宝"，其中最让人称奇的就是贵州少数民族节庆。据不完全统计，贵州少数民族的传统节日有 1 046 次（处），其中苗族 651 次、布依族 171 次、侗族 84 次、水族 43 次、彝族 23 次、回族 13 次、仡佬族 11 次和瑶族 2 次[①]。这些民族节日种类繁多，内容丰富，形式多样，体现了各民族的生活习惯和文化心理。随着西部大开发战略的实施和贵州省山地旅游产业的蓬勃发展，越来越多的学者逐渐关注民族节庆研究，将其融入山地旅游产业和户外运动赛事，以此彰显贵州民族特色。相关部门也重点打造特色民族节庆，如苗族苗年（见图 4-1）和"姊妹节"、布依族"六月六"（见图 4-2）、水族"端节"（见图 4-3）、侗族侗年（见图 4-4）和"萨满节"等重大节日。

---

① 杨昌儒，陈玉平. 贵州世居民族节日民俗研究[M]. 民族出版社，2009：61.

图 4-1　雷山县苗族苗年（雷新翠提供）

图 4-2　贞丰县布依族"六月六"
（李晓提供）

图 4-3　三都县水族端节（杨明路提供）

图 4-4　榕江县侗族侗年（陆红艳提供）

　　贵州主要少数民族常见民族节日如表 4-1 所示。

表 4-1　贵州主要少数民族常见民族节日统计

民族	节日种类
苗　族	春节、四月八、端午节、七月半、八月八、重阳节、苗年、赶秋节、姊妹节、种棉节、鼓藏节、踩花山、跳花场、芦笙节、吃新节、采花节、爬坡节、腊八节、立花杆、玩花房、跳鼓、跳月、跳洞、跳场、跳花、踩桥、踩坪、开秧门、种棉节、杀鱼节、敬秋节、敬新谷、蚂螂节、开秧门节、龙晒骨等
布依族	过大年、元宵节、二月二、了年节、清明节、端阳节、七月半、中秋节、重阳节、三月三、四月八、六月六、赶秋桥、赶秋坡、查白歌节、尝新节、祭龙山节、毛杉树歌节、神仙田歌会、赶干洞、打火箭节等

民族	节日种类
侗　族	侗年、茶歌节、洗澡节、摆古节、吃新节、萨玛节、林王节、赶歌场、月也（集体做客）、春节、元宵节、端午节、中秋节、重阳节、乌饭节、赶歌场、多耶、活路节、舞春牛、土王节、播种节、洗牛节、种棉花节、杀龙节、洗澡节、四月八、祭峒王、芦笙节、花炮节、鞍瓦节（斗牛）、做社、祭牛节等
彝　族	火把节、十月年、春节、赛马节、杜鹃花节等
土家族	过赶年、四月八、过社、祭风神、六月六、吃新节、偷瓜节、阳灯节、抬甩神、回早敬、过大季、玩秋、春节、清明节、端午节、七月半、中秋节、重阳节、春社节、嫁毛虫节等
仡佬族	吃新节、年节、祭山节、火把节、牛王节、祭树节、歌节等
水　族	端节、卯节、额节、苏宁喜、敬霞节、春节、清明节、端午节、铜鼓节、洗澡节、黄饭节、花椒节、二月二祭白龙、三月祭龙节、六月祭土地、六月祭山神、七月半、七月接送老祖、中秋节、重阳节、十月春牛节、拜庙、宁魈、吃新节、栽秧节、端午节、铜鼓节、黄饭节、洗澡节、扎包等

资料来源：杨昌儒，陈玉平. 贵州世居民族节日民俗研究[M]. 民族出版社，2009.

二、民族服饰[①]

贵州少数民族服饰多姿多彩。总的来看，当地人们在颜色方面尚青，风格方面重素雅，妇女衣着多系裙，爱着银饰。男子的服饰多以对襟衣、宽脚裤、包头帕为主。各个民族的服饰既有共同点，又各具特色。

苗族服饰风格可大概分为西江式苗族服饰、松桃式苗族服饰和黔西北式苗族服饰。西江式苗族妇女盛装华贵而大方，古朴而厚重，它的特点是银箍上搭配硕大的"银角"，雍容华贵的"乌贝"和华丽的长百褶裙。松桃苗族妇女盛装上衣为华丽宽大且无领的大襟短衣，绣有精美的刺绣图案，下装为直筒长裤，下端镶有绣花"栏杆"。黔西北式苗族妇女服饰差异明显，主要分为珠场亚式、臀脚亚式、老凹坝亚式、陡晋亚式和箐脚亚式等。

---

① 周国茂. 贵州民俗[M]. 甘肃人民出版社，2004.

布依族妇女服饰风格可分为镇宁布依族服饰、黔南布依族服饰和黔西南布依族服饰。镇宁布依族妇女服饰的上装，一般用自制的青色布依布，上装为大领大襟，织锦袄，两襟及衣边镶嵌着织锦，蜡染和刺绣图案。黔南布依族妇女服饰的上装款式常为青布右衽无领大袖，托肩边缘和衣袖绣有花边或镶花边栏杆。黔西南布依族妇女的服饰以青色土布为主，上身着短袖上衣，下身穿青色长裤，腰系绣花飘带，头裹蓝色或白色短帕。

贵州侗族服饰风格按照居住地区语言的不同分为北部方言区侗族服饰和南部方言区侗族服饰。北部方言区侗族服饰颜色多以青蓝为主，服饰多为裤装，右衽大襟，腰带为青色、黑色，后髻插木梳。南部方言区侗族女子盛装的外衣为大袖右衽宽衣，滚口圆领，颜色为青、白、蓝、红、绿色等自制土布，其中腰围是盛装最奢华的部分。

土家族青年女性的上衣多为杆栏式襟衣，束腰，脚穿花鞋，头裹白帕，梳长辫，扎红头绳。土家族中老年妇女通常头裹白帕或青丝帕，上衣宽腰，襟长过膝。土家族男性的服饰较为简单，颜色多以青、蓝、白为主。土家族男子一般头裹白帕。

贵州彝族女装常为蓝色右衽大襟长衫，绣有螺纹和象征火焰的图案，下装多为黑色或深蓝色筒裤，头裹青丝帕。女装中最有特色的是披肩，披肩由托肩、网珠、云钩和耍须组成。彝族男子上衣通常有 4 款：对襟衣、擦尔瓦（披风）、多口袋白褂褂和长衫。颜色多为青色、蓝色或白色。

贵州仡佬族男子盛装多以黑、红、黄为主色调，上装为方领对襟长袖短衫，对襟两旁绣有花纹，直至衣底一围，肩膀、胸前和口袋处绣着"合""吉""爷"字形组合而成的图案。下装长裤以纯色做底，裤脚处绣有两圈栏杆花纹。仡佬族男子一般头戴环形帽。仡佬族女性盛装颜色以大红和浅灰为主，以白、蓝、绿、黄色为辅，图案是以百合花、竹、大山为元素的抽象图形，上装为立领长袖短衫，下装为筒裙，腰间扎半圆形巢兜。

贵州水族男子服饰常为对襟短衣长裤装，上身内穿白色对襟短衣，外穿青色对襟衣，下穿大裤脚长裤，头包青色或白色头帕。水族女子着装多为蓝色、绿色，右衽长衫及膝，外衣配绣花围腰，搭配青色长裤，脚穿翘尖绣花鞋。

贵州白族男子盛装，头戴白色和蓝色包头，身穿白色绣花对襟上衣，外套金丝绒或扎染小马褂，下穿白色或蓝色裤子。贵州白族女装，俗称"金花"装，头戴被称作"风花雪月"的白族头帽，身着红色或浅蓝色的上衣，系绣花围腰，下穿白色长裤。

三、民族建筑

自古以来，贵州山多路险，各少数民族居住环境各有特色。仡佬族有句俗语"高山苗，水仲家，仡佬住在石旮旯"（仲家指布依族），生动地描述了各民族居住环境的差异性。贵州的苗族一般居住在高山之巅，人迹罕至的地方，布依族居住在山脚水边（见图4-5），仡佬族则居住在山间（见图4-6）。居住环境的差异必然会带来建筑风格的差异。因长期与外界几乎隔绝，也使这些风格迥异的建筑物得以完整保存下来。干栏式建筑是我国南方地区各民族多采用的建筑风格（见图4-7）。干栏式建筑以竹木为主要建筑材料，木柱或竹柱作为底架，建筑成高于地面的两层房屋，下层可以堆放杂物或养牲畜，上层用来住人。相传，干栏式建筑是由古人巢居演变而来的，可以起到防潮、防震和防害虫侵扰等作用。

图 4-5　兴义市布依族建筑（李晓提供）　图 4-6　务川县仡佬族建筑（王继红提供）

图 4-7　贵州干栏式建筑（李晓提供）

　　由于居住环境的限制，贵州苗族的建筑一般会选择依山就势，向阳而建，即一面靠山，一面悬空，多采用石木结构的干栏式建筑风格的吊脚楼。吊脚楼一般分为三层：底层用来养牲畜家禽或搁置杂物；二层用来住人，是生活作息和宴请宾客的重要场所；三层多用来存放粮食，相当于粮仓。这种民族建筑形式在侗族、瑶族、水族等其他民族居住地随处可见，如西江千户苗寨（见图4-8）、肇兴侗寨（见图4-9）等。肇兴侗寨除了此起彼伏的吊脚楼外，还以鼓楼群最为著名。其鼓楼在全国侗寨中绝无仅有，曾被载入吉尼斯世界纪录。鼓楼的外观、高低、大小、风格各异，蔚为大观。另外，贵州侗族聚居地区还有一种当地人引以为豪的民族建筑物——风雨桥。风雨桥通常由桥、塔、亭组成，多为石墩木结构楼阁式建筑（见图4-10）。我国其他民族地区也有风雨桥，在规模上要比侗族的风雨桥稍逊。

图 4-8　西江千户苗寨（李晓提供）

图 4-9　肇兴侗寨（陈亮云提供）

图 4-10　侗族风雨桥（陈亮云提供）

　　布依族喜欢依山傍水聚族而居，一般以数十户为一寨，也有上百户甚至全几百户为一寨的。布依族住房多为干栏式吊脚楼和石板房。布依族吊脚楼建筑风格和侗族吊脚楼建筑大同小异，在此不再赘述。贵州安顺、镇宁等地布依族居住地区盛产天然优质石材，当地布依族因地制宜，就地取材，用石条或石块砌五六米高的墙，以石板盖顶，防风避雨。望谟布依族的粮仓，极具民族风格，望谟布依族称之为"圆堡粮仓"（见图4-11）。这种圆堡粮仓和前面所述吊脚楼中的粮仓不同，不是建造在吊脚楼中，而是选址在远离寨子几十米或数百米的地方，依据粮仓占地面积平整好地面，打好基石，将4~6根直径约20厘米、高约2米的圆木作为粮仓立柱，在立柱顶部放置厚约10厘米、宽为50~70厘米的圆石或方石，然后放置数十根木棒将立柱紧密连接起来，再将楠竹编成的篱笆围成圆柱形置于立柱上方，最后盖上结实的茅草，就形成了蘑菇式粮仓。这种粮仓远离村寨，能有效地减少火灾的损失，又能通风透气，防止粮食霉变，还能防止老鼠偷食粮食。

图 4-11 望谟布依族粮仓（李晓提供）

四、民族饮食

贵州饮食种类繁多，主要突出辣和酸两个特点。在贵州流传着这一俗语："四川人不怕辣，湖南人辣不怕，贵州人怕不辣。"贵州地处我国西南地区，山地众多，河流密布，这里的空气相对比较潮湿，空气湿度大很容易导致关节疾病的发生，吃辣能祛除风湿，所以贵州人就喜吃辣椒来祛湿。贵州少数民族的菜几乎都要放辣椒，正所谓无辣不欢，无菜不辣，无辣不菜。当地人可以用一种或多种辣椒烹调出干辣、麻辣、酸辣、酱辣、油辣、糟辣、青辣、蒜辣、复合辣等十多种独具风味的系列辣味，仅用辣椒制作的调味品就有几十种。

贵州部分少数民族特色饮食统计如表 4-2 所示。

表 4-2　贵州部分少数民族特色饮食统计

民族	特色饮食
苗族	腊肉、香肠、血豆腐、糍粑、米酒、花糯米饭、酸汤鱼、醋肉、鱼肠酱、腌菜、细酸菜、血灌肠、蓑衣饭、灰粑、海椒粑、酸鱼酸肉、社饭
布依族	糯米粑、米花、米叶、汤圆、甜酒粑、糕粑、两合粑、牛打滚、清明粑、黑糯米糍粑、搭联粑、枕头粽、花糯米饭、盐酸菜、干板菜、狗灌肠、血豆腐、粑粑糖、肝胆生、风猪肝、血辣子、腌肉、竹筒饭、苞谷饭、饵块粑、褡裢粑、八块鸡、牛干巴
侗族	打油茶、扁米、侗果、杨桐饭、血浆鸭、牛瘪肉、蕨粑、葛粑、麻栗果粑、泡酒、腌鸭肉、酸鱼、酸肉、黄花饭、乌米饭、灰碱饭、黄米饭、牛干巴、扁米、社饭、灰碱粑、黄草粑、血豆腐、魔芋豆腐、麻栗豆腐、豆腐笋、腌鱼、腌糟、酸汤、腌汤菜、侗果、瘪肉、烧鱼、鱼生、紫血肉
彝族	腊肉、荞饭、荞糕、荞粑、荞酥、羊肉汤锅、冻肉、火腿、甜酒、咂酒、水花酒、荞酒、罐罐茶、燕麦、榨兜、血豆腐
仡佬族	金银饭、苞谷粑、糍粑、米团粑、麻饼、灰团粑、灰豆腐果、菜豆花、面辣椒、胖辣椒、酸菜、霉豆腐、豆豉粑、腊肉、罐罐茶、老鹰茶、甜茶、油茶、爬坡酒
水族	鱼包韭菜、九阡酒、血灌肠、酸汤鱼、炕鱼、花糯米饭、盐酸菜、香藤粑、粽子、扁米、粑粑
土家族	腊肉、面面肉、扣肉、麻饼、风肝、酸菜、豆腐、糍粑、汤圆、上梁粑

资料来源：周国茂. 贵州民俗[M]. 甘肃人民出版社，2004.

"酸"是贵州菜的另一重要特点。由于贵州地区历来缺盐，苗、布依、侗等少数民族就以酸代盐，以酸补盐。大多数民族都喜食酸菜，家家有酸汤缸，户户有腌菜坛，几乎天天用酸汤烹饪菜肴。常见的酸菜有酸鱼、酸肉、盐酸菜、酸汤、酸笋、酸辣椒等特色食品。糯米饭也是贵州少数民族喜爱的食品。糯米放在锅中蒸熟后，另加猪油放入铁锅煎炒，配以香肠片、酸萝卜颗粒、豌豆、蛋丝等混入其中，捏成饭团食用。侗族、苗族、布依族、壮族也常常用不同颜色的植物汁水浸泡糯米后制成花色糯米饭，不仅颜色艳丽，口感也很独特。

贵州的酒文化也很丰富。贵州气候温和，物产丰富，粮食种类齐全，加上水质优良，为酿酒创造了良好的条件，不仅有享誉全球的茅台，还有习酒、青酒、贵州醇、赖茅酒、兴义窖、金沙回沙酒等10多种名酒。贵州各少数民族几乎家家都会酿酒。一般说来，居住在平坝、河谷地带的各族，多酿米酒，而且以糯米酒为最佳，如侗、布依、壮等族，居住山地者多用玉米、红薯、土豆、青稞等来酿酒[①]。在宴请宾客时，各民族都有独特的劝酒方式。侗族、苗族的拦门酒，土家族、苗族、彝族的"咂酒"，布依族的 biang 当酒，都相当有情趣。

五、民族体育

贵州民族传统体育文化资源非常丰富（见表 4-3），这与其居住的自然环境、生产生活方式、宗教信仰、民间斗争等密切相关。贵州是一个山地众多的地区，马匹是各少数民族常用的代步工具，牛是常用的劳动工具。在农闲时节就用牛马为工具举行形式多样的体育活动，如赛马、斗牛活动。苗族、布依族、仡佬族、彝族、水族、侗族等许多少数民族都有开展此类活动。另外，各族也常以农具作为器械开展体育活动，如两人分别手持日常挑担的扁担的两端进行扭转，逐渐演变成今天的扭扁担。

表 4-3　贵州少数民族传统体育项目一览

民族	少数民族传统体育项目名称
苗族	赛马、秋千、射弩、骑艺、摔跤、跳鼓、掷鸡毛球、打花棍、踩鼓舞、木鼓舞、水鼓舞、接龙舞、斗牛、芦笙刀、打毛毽、苗拳、蚩尤拳、八人秋、上刀梯、爬花杆、金钱棍、扭扁担、扳手劲、抱腰、打毽、牛打架、赛龙船
仡佬族	打篾鸡蛋、打花龙、打鸡毛球、赛马、跳筋舞、磨猫、高台舞狮、抱蛋、玩年
布依族	背锣球、抵杠、铁链械、耍龙、舞狮、斗牛、赛马、射弩、射箭、丢花包、踢毽子、打格螺（陀螺）、荡秋千、踩高跷、武术、杂技、跳芦笙、踩鼓、摔跤、拔河、划船、耍龙灯、铜鼓刷把舞、铙钹舞、狮子舞、龙灯舞、转场舞、竹鼓舞、姑今、姑问荞、转秋、车秋、打鸡毛、抱腰、踢毽、打包谷壳手拍球、打格螺、甩秋、打篾球、丢花包、跑风车、放彩灯、爬山寻踪

[①] 赵泽光.贵州少数民族饮食文化概述[J].贵州民族研究，2007（3）.

续表

民族	少数民族传统体育项目名称
土家族	摆手舞、秋千、打磨秋、划龙舟、斗角、摔跤、花棍等
彝族	射弩、摔跤、舞铃铛、打陀螺、武术、射箭、斗牛、荡秋千、赛马、斗羊、打磨磨秋、拔河
水族	赛马、斗牛、铜鼓舞、武术、跳铜鼓、拔河、赛马、铜鼓舞、斗牛舞、芦笙舞、角鼓舞、打手毽、斗牛、下棋（拱棋、三三棋、跳太棋、瓦棋）、板腰、扳手劲、扭扁担、舞狮、走草绳
侗族	抢花炮、摔跤、舞龙头、骑木马、武术、多耶舞、芦笙舞、舞龙、舞狮、侗拳、踢毽子、赛龙舟、棋艺（三三棋、母猪棋、裤裆棋、棋冲、棋转、棋冈）、多达能、摔跤

前面我们提到，贵州的少数民族节日有 1 046 处（次），各个民族既有共同的民族节庆，如春节、元宵节、三月三、六月六、重阳节、中秋节等，也有自己独特的民族节日，如水族的端节、苗族的跳月、土家族的摆手节、侗族的侗年等（见表 4-4）。民族节庆都伴有隆重的民族传统体育活动，以增加节日氛围。民族传统体育活动的开展，能够促进人们身心健康发展，愉悦民族情感，增强民族凝聚力，也是民族间交流的重要纽带，从而增进民族间感情，促进民族大团结。

表 4-4　贵州少数民族节庆习俗开展民族传统体育项目统计

类别	民族	节日	体育活动项目
宗教祭祀	苗族	跳月	跳芦笙、斗牛、斗雀、跑马、舞狮、拔河、登山
	苗族	跳硐	歌舞表演
	苗族	接龙	接龙
	苗族	撵虫蚁节	跑马
	布依族	祭祖节	打香瓜伏
	布依族	拉龙扫寨	舞龙
	侗族	祭祖母	打仗、歌舞
	侗族	祭萨节	祭祀、踩歌堂
	侗族	春社	赛马、赶坳玩山、斗画眉
	水族	借端	赛马、歌舞、祭祖仪式
	土家族	祭风神	竖旗
	彝族	三月三祭山节	歌舞
	瑶族	盘王节	歌舞

续表

类别	民族	节日	体育活动项目
春节前后	苗族	苗年	赛马、斗雀、游方、跳铜鼓、跳芦笙、上刀梯
	侗族	侗年	跳芦笙、玩山、踩歌堂、斗牛
	布依族	布依赛歌会	甩花包、踢鸡毛毽、打陀螺、歌舞
	布依族	赶桥会	跳芦笙、甩花包、耍龙
	水族	借进	打毽
	水族	水年节	赛马、歌舞
	仡佬族	仡佬年	打蔗鸡蛋、打秋千、歌舞
	土家族	春节	龙灯、花灯
军事生产	苗族	赶社	高台舞狮、苗刀、苗棍
	苗族	闹冲	斗牛
	苗族	龙舟节	划龙舟
	侗族	播种节	歌舞
	土家族	摆手节	摆手舞、播种、插秧、踩秧、打谷、背谷等
	布依族	牛王节	斗牛
婚恋	苗族	花坡节	摔跤、芦笙比赛、垒营盘
	布依族	四月八	赛马、对歌
	侗族	赶坳节	斗画眉、赛马
	彝族	歌节	打鸡毛
娱乐狂欢	苗族	姊妹节	斗鸡、斗鸟、踩鼓、跳芦笙、民间游方、龙舟竞渡
	苗族	摔跤节	摔跤
	侗族	斗牛节	斗牛、斗狗
	布依族	别雅蛔	摔跤
	布依族	投石节	投石
	彝族	赛马节	赛马
	彝族	火把节	拔河、摔跤、歌舞娱乐、赛马、斗牛、射箭、荡秋千
	瑶族	陀螺节	打陀螺

注：根据郭颂《贵州少数民族传统体育分类》(贵州民族学院学报 2004 年第 6 期) 整理。

第二节　贵州民族特色资源的特征

一、地域性

贵州地处我国西南腹地，与湖南、广西、四川和云南接壤。境内山多林密，地貌以山地、丘陵和盆地为主，其中有 92.5% 的面积为山地和丘陵，境内山峦起伏，地貌类型复杂，沟壑纵横，河流奔流于高山险谷之中。地势西高东低，自中部向北、东、南三面倾斜，平均海拔在 1 100 米左右。气候为亚热带湿润季风气候，温暖湿润，全年温差不大，多阴雨天气，因此贵州有"地无三里平，天无三日晴"的说法。贵州又是我国喀斯特地貌发育最好的地区，喀斯特面积为 109 083.98 平方千米，约占全省总面积的 65%，远远超过邻近省区云南和广西。神奇的喀斯特地质构造出神奇的自然风貌。贵州省的喀斯特风景主要有地上和地下两条奇异的喀斯特风景线。地面有石牙、溶沟、峰林、峰丛溶石、天生桥、落水洞，还有瀑布、喀斯特湖；地下世界则更加奇妙，有溶洞、阴河、伏流、暗湖及千姿百态的钙质沉积形态，如石钟乳、石笋、石柱、石花、石幔、石瀑布等。

特定的地域环境孕育了特有的民族特色资源。由于没有平原支撑，贵州许多民族的建筑都是依山而建，建筑风格多以吊脚楼为主，亦称干栏式建筑。吊脚楼建筑往往是两层半，最下面一层用来养牲畜和堆放杂物，中间一层用来住人，上面半层阁楼用来储存粮食。这类建筑有防潮、防野兽侵扰等功能。贵州的苗族、壮族、布依族、侗族、水族、土家族等多采用此类建筑风格，著名的吊脚楼有西江千户苗寨和肇兴侗寨等。另外，由于贵州山多石多，贵州人常常就地取材，利用各种石头垒砌成形状不一的石头房。这种石头房冬暖夏凉，适合人居。由于气候温暖湿润，常年多雨，为防止湿气侵蚀，贵州人尤爱吃辣，饮食多以辣椒为配料，并爱饮酒。这些建筑及饮食风格就具有典型的地域特征。

特定地域内的地理环境是一个民族长期繁衍生息的空间条件，不同的自然环境会孕育出不同的生活习俗和生产生活方式。某一地区的一个民族或几个民族所处的区域环境以及自然条件不同，使各个民族都在自己文化背景之上形成了有别于其他民族的传统体育活动方式，这就是民族传统体育的地域性特征。苗族上刀梯、射弩、爬竿，布依族的玩山、打篾球，侗族的游泳，瑶族的"擂山"打猎，仫佬族的爬坡等都与当地的地理条件有紧密的联系。而众多体育活动所表现的小巧、灵活、随意性也与当地"地无三里平"有一定的关系。长期生活在相对闭塞的自然环境之中，交通不便，信息闭塞，受外界影响很小，故而有"十里不同风，百里不同俗"的说法。特殊的地理环境和文化背景影响了某一地区的生产生活方式与社会风尚，各个地区的少数民族形成了特殊的民族传统体育文化。而这些民族体育项目，又是当地人生存过程中形成的一种技能。如：土家族、布依族的"高脚马"，本是青少年在阴雨天走亲串邻时为防止泥水湿鞋而踩的竹马；生活在清水江畔的苗族，传统体育"龙舟竞渡"本是特定地理环境里苗族同胞的生存和谋生手段，保留着一定的生产、生活方式的烙印。这些具有鲜明地方特色的传统体育活动伴随着地方民俗文化的演进沿袭至今。因此，千姿百态、纷繁复杂的少数民族传统体育项目均体现出典型的地理环境特征。

二、民族性

民族是一个地域生活共同体，也是共同种族、共同生活习惯和思想意识的人群生活共同体[①]。民族性是指各少数民族体育项目所表现出来的物质文化、行为文化、制度文化与精神文化中的特殊性与征象性，也体现出不同地域、不同语言、不同经济生活方式民族的传统体育文化的差异性[②]。不同的民族长期的集体生产生活使其生活习俗、思维方式、行为习惯和价值观念别具特色，形成自身特有的民族文化。

贵州是一个多民族共居的省份，各个民族之间的文化差异势必会造成审美情趣和宗教信仰的不同，显现出各个民族的民族特性。在服饰方面，各民族的差异性较大，如苗族的蜡染工艺，据说已有一千多年的历史，服饰风格可达 130 多种，苗族对银饰也格外喜爱，有项圈、头饰、胸饰等，纹理秀美，闪闪夺目。

民族体育也是构成民族文化的一个重要因素，是影响和体现民族精神的重要因素，使民族成员能够牢牢凝聚在一起。贵州省有 17 个世居少数民族，

---

① 赵艳霞. 浅析贵州少数民族体育活动的特点[J]. 搏击（武术科学），2007（2）：75-76.

② 饶远，刘竹. 中国少数民族体育文化通论[M]. 人民出版社，2009：26.

几乎每个民族都有自身独特的民族传统体育活动。虽然有的体育项目为几个民族共有，如龙舟赛、跳芦笙、射弩、赛马、斗牛、荡秋千等，但其开展形式和蕴含寓意不同。例如，龙舟竞渡在我国多个民族都有开展，但寓意却有很大差异：有的是为了纪念战国时期跳入汨罗江的爱国诗人屈原；有的是为了纪念救国英雄伍子胥；有的是为了消灾祈福，祈求风调雨顺；有的是为了纪念传说中拯救地方百姓、勇杀恶龙的民族英雄。活动方式也有所不同。苗族的龙舟长 20 余米，宽 1 米，它由 3 根直形完整的杉树，挖成槽捆绑而成，中间的母船总长 23 米，两侧子船为 10 米，龙头、龙须由一根 2 米长的水柳木雕刻而成，上涂金、银、红、绿、白各种颜色，犹如鳞片熠熠耀眼，一对龙眼炯炯有神，弯弯的比角，昂首向天，可谓神采奕奕，栩栩如生①。赛龙舟要举行"接龙"仪式，由全寨推选出来最有威望的人做龙舟指挥，一个 10 多岁的男孩子担任打锣手，38 名年轻力壮的男青年担任水手。比赛时，水手每人手持 1 支 1.5 米长、0.1 米宽的扁担形划桨，身披蓑衣，头戴斗笠，在锣鼓的伴奏下齐心协力，奋勇争先。作为贵州苗族的图腾文化，龙舟竞渡彰显出苗族神秘而古老的文化气息，成为贵州少数民族体育活动中较为引人注目的一类体育项目，深得苗族同胞的青睐。在贵州省兴义市洛万乡发现的布依族独木舟是用一棵整木挖凿而成的，制作简单粗糙，是布依族独有的水上交通工具。每年农历三月三，该地区的布依族同胞就会聚在一起赛龙舟，一般是单人比赛。由此看来，不同的赛龙舟反映了不同民族的历史文化特征，代表了不同的民族个性和民族风格。再如仡佬族的"独竹漂"，源于赤水流域少数民族的生产生活。运动员手持平衡杆，赤脚站在一根直径 0.1 米左右的竹子上表演各种高难度动作，属于贵州省独创的一项民族传统体育活动，被赞誉为"中华水上一绝"，曾经在全国少数民族运动会表演项目中获得金奖。

民族传统体育与民俗节日的紧密结合更加突显它的民族性。贵州全年有少数民族节日 1 000 多个，每逢重大节日必有体育活动相伴，贵州少数民族传统体育与民族风俗习惯已经紧密结合，相互渗透。民俗促进了传统体育的深化和发展，传统体育又丰富了民俗的内容。有的是传统体育融进传统节日、婚俗、祭典活动中；有的是节日、歌会、墟场、庆典活动包含传统体

---

① 徐宜芬.贵州少数民族传统体育特点及其发展探析[J].贵州民族研究，2006
（5）：114-117.

育；有的是传统体育项目贯穿于各种民俗之中①。如苗族的跳鼓可在"跳年会""四月八""六月六""起秋"等节期间广泛进行。黔东南和黔南苗族的斗牛活动，是苗族传统节日必不可少的体育活动，已有 500 多年的历史。在从江、榕江一带，斗牛场一般设在村寨外的平地上，平地四面有山紧紧包围，四周平缓的山坡供无数人驻足观看，斗牛场地通常还插有高牌、旗帜。四周山上旌旗飘荡，特别美观。斗牛以两牛为一组，各由其主人牵牛进场，然后鸣炮示威，两牛登场后，则相互用角相抵。胜者由牛的主人牵牛绕场一圈，鸣炮呼号以示庆贺。这种传统体育活动浸透了风土习俗，充分反映了民族传统体育的民族性。②

三、多彩性

"走遍大地神州·醉美多彩贵州。"近年来，随着多彩贵州民族特色文化强省战略的深入实施，"多彩贵州"也逐渐成为该省一张个性鲜明的地域文化名片。贵州民族特色资源的多彩性表现在很多方面。在民族节庆方面，贵州 17 个世居少数民族一年共有 1 046 个节日，平均每天都要过 3 个节日。按照节庆性质分类，有宗教祭祀的祭山神节、祭龙节、祭牛节等；有庆祝丰收的芦笙节、吃新节、敬新谷等；有娱乐休闲的查白歌节、毛杉树节、赛歌会等。不同的节庆，人们的心情也不一样：祭祀祖先时，庄严而肃穆；庆祝丰收时，愉悦而亢奋；娱乐休闲时，欢快而逸趣。由于自然环境复杂多样，黔地十里难同俗，同一个节日在不同的地区、不同的民族间的开展方式也不一样。

在庆祝重大节日时，各个民族同胞都要穿上艳丽的节日盛装。由于审美观念的差异和地理位置的不同，民族服饰的差异性尤为显著，也显示了多彩的民族服饰文化。贵州的苗族同胞数量几乎占全国苗族总数的半数，同为苗族，各个地区苗族的服饰差别很大，在长度、颜色、银饰、花边等方面都各有特色。由于支系众多，贵州苗族服饰的款式多达 100 多种，服饰款式非常丰富，居贵州各民族之首。按照地理位置的差异性划分，黔东南苗族服饰多以绣花、鸟、虫、鱼为主，色调浓重；黔东北苗族服饰以绣花、草为主，色彩平和；黔西北苗族服饰则擅长集合彩虹图形；黔中南苗族服饰以青、蓝色

① 范维. 贵州少数民族传统体育项目分类及价值远景分析[J]. 体育成人教育学刊，2011（1）：50-52.
② 徐宜芬. 贵州少数民族传统体育特点及其发展探析[J]. 贵州民族研究，2006（5）：114-117.

为主，红、白搭配。布依族妇女喜欢用青、蓝、白几种颜色搭配，类型有裙装，有裤装。侗族妇女服饰按照地区分为黎从榕式、玉屏式、寨蒿式、七十二寨式等，服饰风格差异很大。彝族服饰以青、蓝色为主，按类型可分为乌蒙山型、威宁型和盘龙型等。

民族传统体育活动在贵州民族地区多有开展，有的起源于古代军事战争，如铁链械、赛马、武术、射弩、射箭等；有的与古代宗教祭祀密不可分，如转场舞、铙钹舞、铜鼓刷把舞、舞龙、舞狮等；有的源于农业生产劳动，如抵杠，扭扁担、扳手劲等；有的起源于农闲娱乐休闲，如斗牛、斗鸡、斗鸟等；有的起源于儿童游艺，如大水枪、鸡儿棍、磨秋、转秋等。民族体育活动丰富多彩，多伴随民俗节庆，在盛装艳舞中熠熠生辉。

四、原生态性

所谓原生态，是一个大众文化的符号，指存在于民间的原始的、古朴的，散发着乡土气息的表演形态，实际上是一种被人们逐渐遗忘或抛弃的民俗文化。贵州由于地质地貌和地理位置的特殊性，长期缺乏对外交流，自身的建筑、饮食、服饰、体育等无不体现着原生态性。

前面我们提到，由于贵州多山，许多民族的建筑都是依山而建的吊脚楼。吊脚楼的存在和原始社会居民的树巢有着很大的关系。由于生活的需要，原始人从山洞转移到地面上生活，以获取更多的物质资料，但同时也会受到野兽的侵扰，于是就在树上搭建房屋住宿。随着对外抵御能力的增强和对物质资料需求的加强，原始社会居民就逐渐在地面上搭建房屋，但建筑的风格基本完整保存了下来。这样的干栏式吊脚楼不仅能防止野兽侵扰，也能防潮防湿。贵州少数民族的吊脚楼往往依山而建，就地取材，房屋全部都用木材搭建而成，没有用一根铁钉。另外，安顺镇宁一带的布依族建筑，多以石板房为主。由于当地盛产优质石料，布依族同胞就地取材，以石条或石块砌墙，可将墙砌至五六米高，房顶以石板覆盖，风雨不透。除檩条、椽子是木料外，其他均为石料，甚至房屋内的桌、凳、灶、床都是用石头凿刻或搭建的。这种房屋冬暖夏凉，防潮防火。有的地区甚至用石料搭建楼房，可建三四层。石料是浅灰白色的，远远望去，熠熠生辉。

贵州少数民族传统体育文化的原生态性表现在三个方面：其一，它来源于自然。贵州许多少数民族传统体育的形式都与各民族群众生活的自然环境密不可分，并且许多少数民族传统体育是模仿动物的形式，如布依族拳术中有猴拳、螳螂拳的动作名称，彝族的耍龙、赶老牛、老虎抱蛋等体育项目都有特定的仿生意味。其二，它来源于人们与自然环境抗争中的生产生活内容。这种体育项目是少数民族同胞田间劳作与生活动作的模仿与再现，是没有经过任何包装的原汁原味的民族生态体育。如：生活在安顺镇宁的布依族同胞，在农闲时节举行的抵杠、扭扁担等体育项目，其实就是来源于布依族耕作之余的一种娱乐活动。南盘江附近的布依族儿童很小就要练习叉草球游戏，实际上这起源于捕鱼的一个动作。长期练习叉草球能提高在江河中叉鱼的准确率。这些体育项目均具有粗狂、古朴、自然的特征。其三，这些体育项目的活动场地和器材均来自自然。由于贵州省山地丘陵遍布，少数民族同胞的生产生活条件非常艰苦，他们没有过多的时间和金钱投入到体育器材的设计开发中，往往利用身边的一些自然资源，如石头（投石索、水上漂石等）、木棍（鸡儿棍、武术等）、竹子（高脚马、弓箭等）、稻草（布依族稻草龙等），或者一些生产材料，如马匹（赛马等）、牛（斗牛）、船只（龙舟竞渡、竹筏大赛等）等，只利用田间河谷、场坝空地等场所，就可以将这些民族传统体育项目开展得丰富多彩。

五、传承性

贵州民族特色文化资源的传承性表现在多个方面，既能一脉相承，不失本色，亦能开拓创新，推陈出新。五千年文明的连续发展是中华文明的重要特征。自觉地继承、传承是中国古代文化的一项重要特征，也是中国文化连续发展的根本条件。从个人到家庭、从家庭到村寨、从村寨到族群，都必须经过文化传承才能世代相承，永葆本色。民族节庆、民族服饰、民族饮食、民族体育等文化也在传承中保持民族特色，以增强族群认同感。

少数民族传统体育必经过世代的积淀、加工和锤炼才能世代相传，成为人类历史文化的遗存积淀，成为中华民族传统文化的瑰宝。这些民族传统体育项目能够经过世代相传而永葆活力、繁盛而不泯灭，具有顽强的传承性。这些少数民族传统体育的传承性并不仅仅表现在其自身所具有的强身娱乐功能，而且还传承着本民族传统体育项目的起源、演进的神话传说故事，还传承着本民族的民族精神、道德素养、价值观念等。

贵州省的少数民族体育是在漫长的历史演进中逐步形成和发展起来的，源远流长，有的起源于生产生活，有的起源于宗教祭祀，有的起源于社群娱乐，有的起源于择偶求育等。这些体育项目具有深厚的群众基础，并且伴随季节时令的变换具有一定的活动规律。如来自生产生活的射弩、秋千、摔跤、斗牛，来源于宗教祭祀的龙舟竞渡、磨磨秋、舞龙和苗族的爬坡杆等活动，或为纪念英雄，或为追求吉祥而祭祀神灵。这些活动一般都有较为固定的时间和形式，年年举行，代代相传。伴随季节时令而开展的项目主要有对歌、跳舞、吹笙、踩鼓、射箭、斗牛、赛马、摔跤、拔河、登山、划船、舞龙、纪念英雄、庆祝丰收等。各个民族之间活动的内容和形式也有很大差别，苗族的传统体育活动有秋千、射弩、骑艺、摔跤、跳鼓、龙舟竞赛等，布依族的传统体育活动有赛马、秋千、武术、丢花包、背锣球、抵杠、舞龙、舞狮、射箭、铁链械等，侗族的传统体育活动有抢花炮、踩芦笙、摔跤、舞龙头、骑木马等。

六、兼容性

贵州民族特色资源的兼容性表现在内外兼容和内内兼容两个方面。内外兼容指的是本民族的特色资源与外族特色资源的互融性。贵州各个民族长期以"大杂居，小聚居"的形式居住，由于居住环境的相似性，民族间的交流互动也较为频繁，各民族的生活习惯和价值观念有许多相通之处，民族特色资源很难保持独有性，往往是"你中有我，我中有你"。贵州各个民族共有1 046个民族节庆，其中绝大部分都是重复的，往往是多个民族过同一个节日，只是举办的时间和形式有一定差异。贵州许多少数民族服饰偏爱青、蓝、白等颜色，也多以花、鸟、虫、鱼等动物图案为装饰。在饮食上，基本上都偏爱辣和酸，也较常食用腌制食品。民族传统体育项目异彩纷呈，但许多民族传统体育项目并非一个民族所独有的，而是在多个少数民族中都有开展，如赛马、斗牛、射箭、龙舟竞渡、高台舞狮等体育项目。这样不仅有利于民族之间的竞争交流，也容易使各个少数民族形成统一的体育价值观念，更能促进民族间的凝聚力，增强民族大团结。

内内兼容指的是各民族内部特色资源担负功能的多样性，一个项目可以兼具多项功能。以民族传统体育项目为例，西方竞技体育多重视强身健体这一功能，我国的少数民族传统体育项目不仅能够强身健体，还能娱情娱心，在增强体质的同时也能陶冶情操。例如：仡佬族的高台舞狮、苗族的上刀山、踩鼓舞、瑶族的打陀螺，土家族的摆手舞，侗族的抢花炮，布依族的打铜鼓、耍麒麟、竹鼓舞，壮族的抛绣球等运动项目就将竞技、舞蹈、艺术、音乐、体育融为一体。这些项目既有民族特色，又有娱乐、健身的特点和艺术欣赏价值，在其独特的运动方式中注重民族感情、民族精神，以民族风格将审美对象与审美主体自然融合，令参与者与观赏者同时获得精神上的享受，使少数民族体育更富有魅力和活力，使人的身心需要和情感愿望达到满足，也使人们在这些活动中直接得到情感抒发①。在音乐舞蹈中完成体育竞技动作，既强身健体又愉悦身心，达到健身、娱乐、竞技的和谐统一。

第三节　贵州民族特色资源融入山地户外运动赛事价值分析

一、民族特色资源能为山地户外运动赛事提供物质支持

物质是任何事物存在和发展的基础。山地户外运动赛事开展的物质基础条件是山，只有依靠山地才可能开展山地户外运动。我国山地分布非常广阔，广义的山区（包括高原、丘陵）约占全国总面积的 2/3 以上，其中山地约占 33%，丘陵约占 10%，高原约占 26%。不仅西部多山，中东部也分布着不少名山大川。但仅仅依托山地开展开山地户外运动是远远不够的，因为贵州省地处西南边陲，不仅偏远，交通也不便，如果山地户外运动没有特色，就不能很好地吸引外地运动员参加。不能吸引外地游客观光旅游，自然就无法增加经济收入，改善人民生活条件。

走进贵州的喀斯特景区，人们会被那许许多多的奇观异景所吸引，感受到大自然鬼斧神工的奥妙。这里著名的喀斯特景区主要有毕节织金洞。织金洞有 11 个大厅 47 个厅堂，全长 12.1 千米，洞内钟乳无数，各具形态。有人赞叹道："黄山归来不看山，织金归来不看洞。"黔南的荔波则拥有喀斯特原始森林、水上森林和"漏斗"森林，合称"荔波三绝"。像这样的喀斯特地貌风景在贵州省真是数不胜数，有的已经开发得较为成熟，有的正处在开发的初级阶段，有的尚未开发。由此看来，贵州的山地旅游实际上就是要打喀斯特山地旅游这张王牌。

户外运动赛事的开展需要一系列的硬件支撑，从开始筹办到赛事举行至结束，都牵涉大量的物质资源，包括场地、器材、人员、服装、媒体、饮

---

① 徐宜芬.贵州少数民族传统体育特点及其发展探析[J].贵州民族研究，2006（5）：114-117.

食、住宿等多个方面。山地户外运动场地不同于一般的竞赛场地，它往往是一个开放型的场地，因地制宜设计线路，可以与山地、溪流、河谷、山洞等特色自然资源结合，可以开展山地自行车、定向越野、峡谷穿越、溯溪越野、暗河穿越、皮划艇、骑跑交替、射击等竞赛项目，彰显人与自然的和谐。赛事路线可以围绕贵州典型的自然景观、民族建筑来设计。2018"多彩贵州"自行车联赛（安顺经开区站）越野项目设置在三合苗寨；2018 黎平·百里侗寨国际划骑跑铁人三项公开赛的终点位于肇兴侗寨；2018 中国·贵州·金沙玉簪花杯全国溯溪越野挑战赛的起点设在具有黔西北风格的玉簪花小镇；2018"多彩贵州"自行车联赛凯雷站路线的设计更富有地方民族特色。第一天的巴拉河之夏公路赛段，起点设在凯里民族风情园，途经凯里三棵树、南花、雷山县郎德、固鲁苗寨等，沿线有30千米长的巴拉河峡谷及沿岸的苗寨村寨，终点在雷山县民族文化广场。第二天的"雷公山之巅"爬坡赛，从雷山县城苗寨文化广场出发，沿蚩尤大道到白岩村、大塘湾、乌冬路口，直达雷公山顶。整条赛道都在秀美的自然景色与民俗景点之间，选手竞赛时能领略优美的自然风光和独特的民族特色建筑。

另外，贵州民族特色的饮食、服饰也能融入山地户外运动赛事中。2018"跑贵州"系列赛（修文站）"行知修文·心净桃源"山地马拉松赛中能量补给站，就供应极具贵州特色的饮食——冰粉、凉面、碗儿糕、猕猴桃果汁，以及色香味俱全的扎佐蹄髈和当地绿色生态食品菌干等。2017"多彩贵州"自行车联赛安顺开发区站能量补给饮品——某某牌刺梨饮料，就是来自贵州大山的健康刺梨饮品。2017 贵州·镇宁黄果树国际半程马拉松赛的赛事 logo 和奖牌就极具布依族民族特色。奖牌外围一环为浪花水纹，象征黄果树瀑布的奔腾不息，主题采用布依族蜡染民俗图案，鱼形和鸟形。鱼，寓意相濡以沫；鸟，寓意比翼双飞。

独特的喀斯特山地必然会孕育独特的山地民族体育文化。世世代代生活在这里的人们为了适应恶劣的自然条件，练就了一身好本领。紫云县格凸河畔的燕子洞高达 100 多米，当地村民却能在洞内悬崖绝壁上自由行走。天然的攀岩圣地和高超的攀爬技艺，吸引了国内外众多攀岩爱好者前来挑战，既挑战险峻的悬崖，也挑战高超的技艺。生活在高山丛林的同胞，能够吃苦耐劳，具有坚强的意志。苗族姑娘龙玉玲曾打破过女子 52 公斤级举重世界纪录。黔西南州册亨县布依族运动员岑南琴在 2009 年皮划艇激流回旋世界杯（法国站）比赛中为中国队夺得一枚女子单人划艇比赛金牌，这是中国运动员在激流回旋世界杯赛事中获得的首枚金牌，她不仅创造了中国选手在激流回旋项目世界比赛中的最好成绩，还成为世界上第一个获得女子单人划艇世界杯冠军的运动员。布依族在"三月三"民俗节日举行的"爬山寻踪"，实际上与现在流行的定向越野有着异曲同工之处。

二、民族特色资源能够丰富山地户外运动赛事的人文内涵

2015 年 6 月，习近平总书记在贵州视察指导工作时指出，贵州风景名胜资源丰富，素有"公园省"之美誉。同时他特别强调，贵州具有浓郁的人文历史底蕴，贵州要把旅游业做大做强，必须要丰富旅游生态和人文内涵。同样，要想在贵州把户外运动赛事长期举办下去，不仅仅要依靠独特的山地地理资源，还要充分发挥贵州多彩的民族文化特色，从感官和心理层面吸引运动员和游客周期性参与。贵州特色人文资源丰富多彩，有长征经过地的红色文化，有独具民族建筑风格的屯堡文化，有多彩的民族风俗文化，等等。鼓藏节，彰显了蚩尤后裔对先祖的缅怀之情；火把节，饱含了古羌人对丰收的祈愿；八音坐唱，体现了古越人对美好生活的向往。另外还有盘龙节、端节、卯节、查白节等。而这些节日，无不伴随有民族传统体育元素，如鼓藏节中的芦笙舞、火把节中的东方踢踏舞、查白节中的丢花包、端节的赛马等。可以说，民族传统体育项目使各个民族的民族特色更加浓郁，能为贵州山地户外运动发展增加人文内涵。

贵州民族传统体育文化不仅是贵州少数民族日常生活劳动、打鱼捕猎、自卫抗敌、宗教祭祀形式的体现，更重要的是体现了一种人与自然、人与人之间和谐统一的关系。科学使人与自然协调融合，而体育使人与自然的融合更趋完善。贵州少数民族体育经过数千年的发展，结合了各民族劳动人民的劳动成果和经验，已经形成了一个独具特色的文化价值体系。民族传统体育除了能够增强体质、促进健康外，已经成为一个民族潜在的文化内质，成为一个民族文化的标杆，表现出一个民族的文化内涵，体现了一个民族的民族意识、文化心理、哲学思想、价值观念、宗教信仰、伦理道德规范、审美心理等。

山地户外运动的自然性与民族传统体育文化的人文性相得益彰，民族传统体育文化增加了贵州山地户外运动人文内涵，使山地户外运动更具特色。山地户外运动也可借助民族传统体育做大做强，通过民俗文化节日打造独具特色的民族传统体育活动，通过观赏和参与等多种活动方式，让运动员在山地户外运动中充分体验具有多民族文化风情的民族传统体育文化，不仅能让

运动员流连忘返、乐而不归，更能让运动员归而怀念，形成再度参与的循环参与模式。

国家行政学院文化政策与管理研究中心主任祁述裕认为，文化、旅游和体育三大产业融合发展应该坚持以文化创意为引领。"文化为魂，旅游为体，体育为用，三者融合应该以文化创意为引领，通过旅游和体育这种载体，来彰显一个民族、一个区域的价值理念和精神，来获得社会和市场的认同。"至 2018 年，紫云县紫云格凸攀岩赛已举办了 14 届。不仅有吸引全世界攀岩届精英踊跃参与的喀斯特地貌，还有该地区的民族文化特色。在进行攀岩赛之余，该赛事还向选手展示古朴传统的苗家人徒手攀岩、上刀山下火海的非物质文化，组织参观令人心驰神往的亚鲁王文化和犹如世外桃花源一般的避世圣地大河苗寨，让各国选手领略多彩的民族人文气息。

2017 年贵州·镇宁黄果树国际半程马拉松赛吸引了国内外万余名体育爱好者参与，在开幕式上表演的苗族舞蹈《银项圈》和布依族舞蹈《丰收舞》，吸引了现场运动员争相拍照。起跑的赛道两边站满了当地热情的少数民族观众，他们穿着本民族艳丽的服装，脸上挂着开心的笑容迎接国内外参赛选手，让运动员充分感受到"最美瀑乡，开放镇宁"的热情。

三、山地户外运动和民族特色资源交互可持续发展

2015 年 6 月，习近平总书记在贵州视察指导工作时强调，贵州经济社会的发展要守住发展和生态两条底线，两条底线有机联系、内在统一。我们所追求的发展，是有效益、有质量、可持续的经济发展，是没有水分、实实在在的增长，其中一个核心指标就是不以生态赤字为代价，在"金山银山"和"绿水青山"之间画上等号，追求绿色发展。山地经济的发展必须以"生态"为底线，决不牺牲生态环境去换取一时的经济增长，要用生态环境营造发展优势，让"绿水青山"带来"金山银山"。"靠山吃山"并不仅仅是要开发挖掘其中的矿产资源，还可以"吃"它的特色资源，"吃"它的人文内涵。

山地户外运动是一种新兴时尚运动，贵州民族资源是一种传统特色文化。要做到现代与传统的完美结合，并非易事。山地户外运动在我国还只算得上刚刚起步，在发展的过程中难免会走一些弯路，会遇到一些阻碍。贵州民族节庆、民族服饰、民族饮食和体育文化等特色资源很容易受到当代文化的冲击影响，许多原生态的民族文化资源正逐渐走向消逝，再不拯救，将来只能在博物馆看到了。近几年，我们在积极申报国际非物质文化遗产，培养

非物质文化传承人，目的就是要使这些濒临灭绝的非物质文化得以有序传承。另外，我们也要积极寻找新的途径，搭建新的舞台，使这些非物质文化遗产能活态地传承下去。

山地户外运动要借助民族特色资源来打造符合我国国情的户外运动赛事，才能永葆旺盛的生命力，民族特色文化也要借助山地户外运动赛事这个平台汲取营养，才能延续生命，焕发青春。两者要完美结合，方能相得益彰。作为贵州民族文化重要组成部分的少数民族传统体育文化，在西方竞技体育的冲击下，也遇到了一些发展困境。

近几年，贵州省为了使贵州民族传统体育文化更好地传承发展，一方面积极申报非物质文化遗产，培养少数民族文化传承人；另一方面积极将民族传统体育文化引进校园，使其成为校园体育文化的一部分。但这些措施只有助于贵州少数民族传统体育文化的传承，因而必须借助山地户外运动这条大船，营造出具有典型民族特色的山地户外运动模式，以推动贵州少数民族传统体育文化发展壮大，将民族传统体育文化融合到山地户外运动中发展，为民族文化的发展提供经济保障。民族户外运动产业发展所带来的经济效益能够逐步改善民族地区的经济状况，提高地区经济实力和市场竞争能力。有了经济基础，才能快速发展民族文化。山地户外运动与民族传统体育文化的融合发展还有利于传统文化遗产的开发与保护，使那些由于时代的变迁，失去原有价值的民族传统文化也能转化为其他形式和用途，重新获得生存的机会，将一些封闭的传统文化显现在更为广阔的文化背景之中，产生新的价值。

第四节 贵州民族特色资源融入山地户外运动赛事路径分析

一、民族节庆与山地户外运动赛事的融合路径

民族节庆与山地户外运动赛事的结合形成了节庆赛事。节庆赛事有两种含义：一种是通过利用当地经济和社会文化资源扩展赛事的经营管理范围，提供以体育竞赛产品和服务为中心的"事件组合"产品与服务[①]，围绕体育赛

---

① 陶伟宁. 体育赛事策划与管理[M]. 重庆大学出版社，2015.

事补充活动节事，从而使中心节事的效益最大化；另一种是在重大节庆期间举行体育赛事，借助节庆扩大体育赛事的影响力。我们这里讨论的节庆赛事主要侧重于第二种含义。（见表4-5）

表4-5　贵州省十大品牌性民族节日一览

名称	地点	时间
苗族"姊妹节"	台江县为主，黔东南	农历三月十五至十七
苗族"四月八"	贵阳市为主	农历四月初八
苗族"苗年"	黔东南为主，操苗语中部方言的苗族地区	一半在农历十月
布依族"六月六"	布依族地区	农历六月初六
侗族"侗年"	侗族地区，黎平、榕江、从江等	农历十一月
侗族"萨满节"	侗族地区，黎平肇兴，榕江车寨，从江占里，黎平地扪等	春祭、秋祭（具体时间不尽相同）
水族"端节"	都柳江中上游的水族	水历十二月，水历正月
彝族"火把节"	六盘水、毕节等黔西北地区	农历六月二十四
仡佬族"吃新节"	安顺为主	农历七月初七，少数农历六月初六
土家族"摆手节"	铜仁为主	大摆手农历正月，小摆手时间不一

贵州各个民族一年共有 1 000 多个节庆，在四季均有重大节庆开展，比较有特色的有布依族"六月六"，水族"端节"，彝族"火把节"，仡佬族"吃新节"，侗族"萨满节"，土家族"摆手节"，苗族"姊妹节""四月八""苗年"等，已经形成贵州省十大品牌性民族节日。每逢这些重大的民族节日，数万名甚至数十万名同胞不约而同地集聚在一起，载歌载舞，开展丰富多彩的文体活动。如布依族"六月六"开展的时间在农历六月初六，又称"布依年"。在这一天，布依族男女老少都要身着盛装，家家户户杀猪、杀狗、包粽粑、祭神、祭祖，青年男女成群结队到山上"郎哨"（对山歌），以歌会友，以歌传情，非常热闹。村中寨老和摩公（宗教祭祀首领）带领全村男女老少举行隆重的祭奠仪式，以祈求风调雨顺，五谷丰登。之后，大家三五成群开展丢

花包、打陀螺、高脚打斗、手拍鸡毛毽、竹筏大赛、爬山寻踪等丰富多彩的民族传统体育活动。侗族的侗年是在农历十一月，在贵州的榕江、黎平、从江三县较为盛行，已被列入第三批国家级非物质文化遗产名录。这天，侗族各家杀猪宰羊、杀鸡杀鸭，宴请宾客，饮酒作乐，还要以特色饮食"冻菜"祭祀祖先，缅怀祖宗。"端节"是水族最盛大的传统节日，是水历一年之首，节期正对应农历的八月至十月。期间要进行重大的祭祖仪式，用水族经典饮食"鱼包韭菜"进行祭祖，祈求祖先保佑子孙过上幸福快乐的日子。节日里，水族同胞载歌载舞，向人们展示庄严肃穆的祭祖大典、古老而又神秘的水书、巧夺天工的水族马尾绣，还要开展赛马、舞火龙、耍水龙、抢鸭子等传统体育活动。

在贵州很多民族地区也早已开展了一些山地户外运动竞赛，如2016年9月16日在贵州从江加榜梯田开展过国际半程马拉松赛，2016年12月30日在三都县开展了"西部英雄"越野嘉年华，2017年5月25日开展了中国汽车短道拉力赛，2017年11月17日开展了海峡两岸暨港澳地区户外挑战赛。经过推算，这些民族节日开展期间都没有举办户外运动赛事。而节庆赛事活动在我国很多地区已经进行了尝试。如海南椰子节开展的系列活动、江苏宿迁西楚文化节系列赛事、青海省依托贵德县黄河旅游文化节成功打造的强渡黄河挑战赛和国际攀岩挑战赛品牌节庆赛事活动等，大大提升了城市知名度和影响力，带动了区域经济和社会发展。节庆赛事活动举办的时间、知名度和品牌效益三者呈正相关，其中节庆赛事活动举办的时间是影响主题因素的重要因子[1]。如果能将民族节日和户外运动赛事有机融合起来开展，形成有民族特色的山地户外运动赛事，势必会推动贵州山地户外运动赛事蓬勃发展。

二、民族服饰与山地户外运动赛事的融合路径

体育竞赛中从来都不缺服饰文化元素。服饰在体育竞赛中不仅仅是一种着装，也是运动员身份的象征，更是一个国家或地区服饰文化软实力的体现。早在唐朝时期，每逢重大民俗节庆，人们都要穿上艳丽的服装，且因所参加的节令体育活动的方式不同而各具鲜明特色[2]。如在端午节龙舟竞赛

---

① 马大慧，周加启. 节庆赛事活动开发与品牌塑造影响因素分析——以中国·宿迁西楚文化节为例[J]. 体育科技，2015（2）.

② 张有明. 唐代民俗体育活动中的服饰文化研究[J]. 兰台世界，2015（19）.

时，运动员须穿有龙纹的衣服。大家知道，古代中国的阶级等级限制较多，龙纹衣服是皇室家族专属服饰，一般平民绝对不允许僭越。龙舟运动员之所以敢穿龙纹衣服，或在身上文上龙的图样，是许多地区"避水害"的习俗[①]。在当代大型运动赛事中，我们能通过运动员的服饰迅速分辨出该运动员的国别，服饰的颜色样式已经成为该国标志的一部分。在户外运动赛事中，我们也可以将具有典型民族特色的少数民族服饰元素融合到运动员、观众、志愿者等的服饰中。其实许多民族地区举办的体育赛事开闭幕式上的各种文艺汇演中的服装，就具有典型的民族特色，并通过电视转播的形式将这种民族文化向全世界传播，展现民族文化的魅力。2018 年 10 月，在黔西南州国际山地旅游暨户外运动大会上举办的首届多彩贵州民族服饰设计大赛颁奖仪式，就是将民族服饰元素应用到户外运动赛事的典型体现。

其实，民族服饰在体育赛事中的应用还远不止这些，还可以在体育赛事领域将民族服饰文化元素融入其中。2017 贵州·镇宁黄果树国际半程马拉松赛赛事 logo、奖牌等都以鸟和鱼为元素。奖牌外围一环为浪花水纹，象征黄果树瀑布的奔腾不息，主题采用布依族蜡染民俗图案，鱼形和鸟形。观众的服饰也是一个地区或民族的文化体现。在该次马拉松比赛中，在赛道两边站满了许多身着民族服装的观众，他们兴高采烈地向运动员挥手呐喊，加油助威，展现了东道主的热情好客。另外，也可以考虑将民族服饰中典型颜色、图案印制到运动员服装上，让运动员在奔跑运动中体会民族风情，并且这种服装还可以作为珍贵的礼品收藏。

总之，民族服饰文化元素可以静态的方式融入山地户外运动赛事，也可通过动态的方式融入山地户外运动赛事。无论是以何种形式融入赛事，都不要有过多的商业加工，要注意保留本民族服饰文化的本色，注重它的原生态性。只有这样，才能打造出民族特色的山地户外运动赛事，让赛事长期保持旺盛的生命力。

三、民族饮食与山地户外运动赛事的融合路径

饮食与体育密不可分，要想在比赛中取得优异的成绩，必须要有科学合理的膳食营养结构。贵州民族饮食特色不仅表现在色、香、味、美等方面，还具有丰富的营养价值。贵州地区盛产鱼腥草，鱼腥草也是家家户户常食用

---

① 王俊奇．唐代体育文化史[M]．北京体育大学出版社，2010．

的菜肴。可将鱼腥草洗干净之后切段加辣椒面凉拌，也可用来煮汤，或者与腊肉一起煎炒，另外还可做成咸菜。鱼腥草具有抗菌、利尿、消炎、增强免疫力的功效。数千年来，贵州人民秋季就将鱼腥草、白梨和冰糖混在一起熬汤，用来排除体内湿热。鱼腥草还可以经过层层加工制成鱼腥草饮料，用以运动员营养补给，还可增强运动员免疫能力。刺梨在贵州分布广泛，每 100 克刺梨果肉中，VC 含量高达 2 000 毫克；而贵州部分地区出产的刺梨，VC 含量甚至超过了 3 000 毫克，居所有蔬菜水果之冠，堪称"贵州刺梨甲天下"①。刺梨营养丰富，不仅能生津止渴、健胃健脾、降温消暑，还能治疗积食、痢疾、肠炎和 VC 缺乏症等，增强人体免疫力，具有极高的药用和保健价值。因此，刺梨也被加工成刺梨干、刺梨酥、刺梨饮品等。2017"多彩贵州"自行车联赛运动补给饮品就是来自贵州大山的健康刺梨饮品——恒力源刺梨饮品。2017 年，恒力源与全国自行车联赛结盟，成为联赛的战略合作伙伴，也是联赛中唯一一家提供运动补给饮品的刺梨品牌。该品牌刺梨饮品能为自行车运动员提供营养补给、能量补充。恒力源刺梨饮品将贵州特色饮食带向全国，不仅提高了贵州的知名度，扩大了贵州影响力，同时也拉动了当地经济的发展，加快了当地扶贫脱贫的步伐。2018 年 7 月修文马拉松项目比赛的补给站，为运动员提供最具贵州味道的夏季甜品——冰粉、凉面和碗儿糕、色香味俱全的扎佐蹄髈，还有原生态的菌干和本地产的大西瓜。赛后还有当地特产猕猴桃果汁饮料相送。

　　贵州特色饮食不仅能参与到贵州山地户外运动赛事中，也能在赛事之外发挥积极作用。运动员在参赛之余，还要品味贵州特色饮食，借助山地户外运动赛事的宣传效应，打造知名贵州民族特色饮食文化，从而吸引更多的运动员和游客到贵州。贵州各种民族饮食具有不同又相似的特征。总的来说，贵州少数民族饮食的特点就是酸鲜、辣醇。贵州饮食资源丰富，但由于开发较晚，除了极少数餐饮品牌如"凯里酸汤鱼"与"花江狗肉"等形成品牌外，其他很多特色的饮食仍然鲜为人知②。贵阳肠旺面、布依族的酸笋鸡、独山的虾酸、侗族的"洗澡肉"、苗族的姊妹饭、布依族的五色米、水族的"鱼包韭菜"、黔西南州的三碗粉（羊肉粉、牛肉粉和剪粉）等民族特色食品，也逐步被包装打造成品牌，深得外地游客的好评，其对外影响力逐步扩大。

---

① 清扬.贵州刺梨甲天下[J].大众科学，2016（12）.

② 胡娅丽.贵州饮食文化旅游资源开发研究[J].河南师范大学学报（哲学社会科学版），2011（3）.

贵州的酒文化十分丰富，不仅有享誉全球的茅台酒，各地区各族人民还利用丰富的粮食资源和土特产，酿制出了具有地方特色和民族特色的各种佳酿[①]。贵州各个民族的酒文化也非常丰富，苗族的"拦路酒"，布依族的"敬客酒"，侗族的"转转酒"和"换杯酒"，土家族的"四轮式"和"酒令宴"，仡佬族的"三幺台"，水族的"喜庆酒"等，都是贵州丰富的民族酒文化的体现[②]。

贵州的民族饮食文化尚处于起步阶段，发展较为缓慢，要通过山地户外运动赛事的开展来推广贵州民族特色饮食。在赛事中扩大宣传，突出特色，尤其要通过多渠道让运动员、观众真正了解贵州饮食。要在文化上下功夫，借助"多彩贵州"系列活动、国际山地旅游大会及各项山地户外运动赛事，大力推广贵州民族饮食文化，不仅体现"吃"，更要注重"品"民族文化。可以借助民族特色建筑、民族歌舞、民族服饰等元素，让运动员或顾客在用餐时能感受到浓郁的地方民族特色文化，以提升贵州民族特色饮食品牌。

四、民族传统体育与山地户外运动赛事的融合路径

贵州民族传统体育与山地户外运动赛事的关系极为密切，具有很强的相融性。前面我们提到，贵州地貌以山地丘陵为主，世代居住在这里的17个少数民族也被称为山地民族。山地民族孕育出的传统体育文化就具有典型的山地特征。许多传统体育项目的开展都是借助天然的地形地貌开展的，如布依族三月三节庆中有一项传统体育活动——爬山寻踪，又称布依定向，它是一项典型的民族传统户外运动，借助当地特有的山地、河流、树林、房屋等建筑开展体育活动。又如布依族、苗族、土家族、侗族等南方少数民族在节庆都要举行高脚活动，实际上这项运动起源于人们的生产生活。大家知道，贵州的天气多阴雨，阴雨天山路泥滑，很容易摔倒，再者当时生产物质资料匮乏，每家走亲串邻要穿的布鞋只有一两双。在这样艰苦的条件下，勤劳聪明的少数民族同胞就想出一个好办法，用两根等高的竹子削出等高的脚蹬，每逢下雨天，就脚踩脚蹬，手持竹子上端，用它蹚泥过河，走亲串邻。这样方便快捷又不湿鞋，慢慢地就演变成一项传统民俗活动，每逢节庆就利用高脚开展高脚竞速、高脚打斗等形式多样的体育活动。

① 赵泽光.贵州少数民族饮食文化概述[J].贵州民族研究，2007（3）.
② 刘璐殊.贵州民族饮食文化在旅游营销中的品牌效应[J].旅游纵览，2012（11）.

民族传统体育融合到山地户外运动赛事有以下三种形式：

第一种是静态展示，即将本地区特有的民族传统体育活动项目制成图画或雕像，放置在竞赛道路两边，让路过的运动员获取对民族传统体育活动的表象认识。这种融合方式的优点是省钱省力，展示的民族传统体育项目丰富多彩，并且不需要做过多的准备工作，只要事先做好图画或雕像，在赛前将之放到相应位置即可。其缺点是缺乏互动，人们只能静态地了解民族传统体育项目，对项目开展的形式及锻炼的效果只能靠想象，不能了解该项目的深层本质。

第二种是通过展演的形式呈现给运动员或观众。这种形式在目前的应用较为普遍。在赛事的开闭幕式上都有丰富多彩的民族传统体育项目会演。如2017年9月在贵州镇宁黄果树举办的国际半程马拉松赛开幕式上，有两个民族舞蹈节目就吸引了全场运动员的眼球，大家争先恐后拍照留念。苗族舞蹈《银项圈》，热情奔放、意气风发、阳光向上；布依族舞蹈《丰收舞》，载歌载舞、欢庆丰收。这两个舞蹈为观众们留下了极深的印象，大家赛后还津津乐道，相互分享美图。2018年7月黔南州第二届山地户外运动会开幕式上，向大家展示了贵定县新铺苗族"长衫龙"原生态舞蹈。"长衫龙"被誉为"东方探戈"，被联合国教科文组织列入非物质文化保护名录。还有云雾苗族芦笙长鼓舞，独具特色、古朴原始，被誉为苗岭文化活化石。在这届户外运动大会上，还进行了独竹漂表演，吸引了众多观众纷纷拍照。以展演的方式将民族传统体育项目展现给运动员或观众，增加了项目的互动性，给人们留下了深刻印象，但这种形式往往以舞蹈类娱乐型民族体育项目为主，而竞技型的传统体育项目则无法在舞台上展演。展演的民族传统体育项目的数量和类别都会受到很大限制。

第三种形式是通过各种渠道挖掘开发贵州少数民族传统体育项目的山地户外运动特性，将具有山地户外运动特性的民族传统体育项目开发成具有民族特色的山地户外运动项目。这种形式正好弥补了前两类形式的不足，实现了由静态到展演、再到动态参与的目的。贵州民族传统体育项目种类繁多，很多项目就具有山地户外特征，如前面所提到的布依族爬山寻踪、高脚打斗，还有仡佬族独竹漂、水族端节赛马、苗族赛龙舟等，都可以开发成具有贵州民族特色的山地户外运动，融入到山地户外运动赛事中。2017年7月在贵州省金沙县冷水河国家森林公园举行的全国溯溪越野挑战赛中有一个项目是扎筏泅渡赛，就是一组队员在特定的时间内，利用所给的毛竹、绳子等材料扎出一条结实的竹筏，然后坐在竹筏上面按照指定的路线泅渡到目的地。扎伐泅渡与布依族三月三节庆上的划竹筏极为相似。开发民族传统体育项目，将其融入户外运动赛事中，既能丰富当代户外运动赛事的内容，也能为贵州民族传统体育文化的发展传承找到一条新的路径。

第五章 贵州山地户外运动赛事规划与设计

第一节 贵州山地户外运动赛事的赛前评估

山地户外运动赛事的赛前评估至关重要，它对该地区能否举办户外运动赛事的可行性进行评判，直接决定了一个项目的成败。同时它也为户外运动赛事的评估提供了参考标准和依据，用来测定赛事举办的效果。贵州山地户外运动赛事的赛前评估可以从宏观环境、资源条件、市场条件和竞争环境等方面进行评估。

一、宏观环境条件

山地户外运动赛事宏观环境条件的评估是指对户外运动赛事举办地的政治环境、经济环境、地理环境、文化环境和地方支持等方面的全面评估。贵州山地民族特色户外运动赛事项目的宏观环境对于赛事的成功运作有着非常重要的影响，意义重大，必须对其进行全面、客观、科学的评估。

（一）政治环境

贵州地处我国西南腹地，山脉众多，交通闭塞，长期处在自我封闭的状态，与外交流不便，经济发展缓慢。中华人民共和国成立后，在党和政府的高度重视、支持下，贵州经济有了历史性的重大发展，尤其是进入 21 世纪以来，国家相继出台政策方针，大力支持我国西部地区经济发展。2000 年 10 月，党的十五届五中全会通过的《中共中央关于制定国民经济和社会发展第十个五年计划的建议》，把实施西部大开发、促进地区协调发展作为一项战略任务。贵州也迎来了经济发展的春天。"一带一路"倡议的实施，加快了贵州与周边地区、国家的交流合作，推动了贵州经济快速发展。

2010 年，《贵州省"十二五"规划发展纲要》提出"要将贵州打造成为山地户外活动基地"；2012 年，贵州省山地户外运动管理办公室出台的《山地户外运动大省建设规划》，对贵州开展山地户外运动的科学性、实践性和可行性进行了论证；2015 年，《贵州省"十三五"规划纲要》提出把推进贵州山地户外运动、民族特色体育大省强省作为今后工作的重点；2015 年，国际山地旅游大会会址永久落户贵州，为贵州山地户外运动的开展提供了发展方向和动力支撑；2016 年，贵州省山地户外运动管理中心挂牌成立，开启了贵州山地户外运动发展新征程。

（二）经济环境

贵州山地户外运动赛事举办地的经济环境是指举办地的整体宏观经济现状和发展变化趋势。我们知道，赛事的举办需要强大的经济基础，举办地的宏观经济环境好，赛事举办的成功率就高。

根据贵州省统计局统计公报，贵州省近五年的经济增长率一直在 10%以上，经济发展速度较快。2017 年全省生产总值达 13 540.83 亿元（见图 5-1），较 2016 年增长 1 764.2 亿元，增长 10.2%。按产业分，第一产业增加值 2 020.78 亿元，增长 6.7%，占全省生产总值比重的 14.9%；第二产业增加值 5 439.63 亿元，增长 10.1%，占全省生产总值比重的 40.2%；第三产业增加值 6 080.42 亿元，增长 11.5%，占全省生产总值比重的 44.9%。人均地区生产总值 37 956 元，比 2016 年增加 4 710 元。其中，旅游业发展势头迅猛（见图 5-2），2017 年贵州省全年旅游总人数 74 417.43 万人次，比 2016 年增长 40.0%。旅游总收入 7 116.81 亿元，增长 41.6%，较 2013 年增长了 300%。说明近 5 年来贵州省旅游产业发展迅速，这都得益于该省的"大旅游"战略，既保持了经济增长，又保护了生态环境。近几年，贵州 GDP 的发展和快速增长给户外体育赛事的运行创造了十分宽松的经济环境，为贵州举办山地户外运动赛事打下了良好的基础。

一个地区第三产业发展越成熟，所占的经济比重越大，该地区的经济越发达，对体育赛事的举办越有利[1]。贵州 GDP 总量虽然不高，但近年发展速度快，为体育赛事的举办打下了良好的基础。由图 5-3 可以看出，贵州省第

---

[1] 张林. 体育赛事事前评估[M]. 北京：人民体育出版社，2011：96.

三产业比重连续 5 年都保持 44% 以上，也就是说服务型经济比重增大，说明贵州的产业结构优化升级，这比较符合贵州的地方特色。体育赛事举办成功与否涉及该地区各个方面，尤其是举办地的体育、文化、广告、传媒、中介、保险、金融等第三产业部门。第三产业比重增大，有助于山地户外运动赛事的举办。

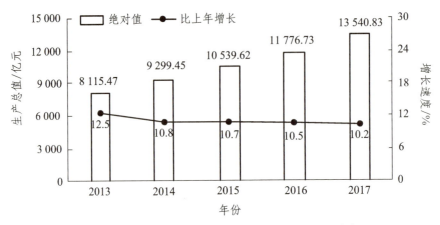

图 5-1　2013—2017 年贵州生产总值及其增长速度

数据来源：贵州省统计局 2017 年贵州省国民经济和社会发展统计公报。

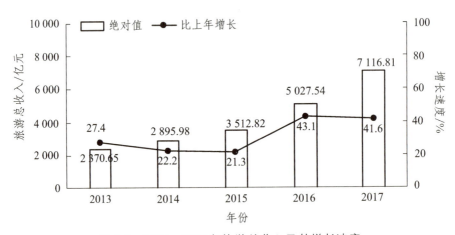

图 5-2　2013—2017 年旅游总收入及其增长速度

数据来源：贵州省统计局 2017 年贵州省国民经济和社会发展统计公报。

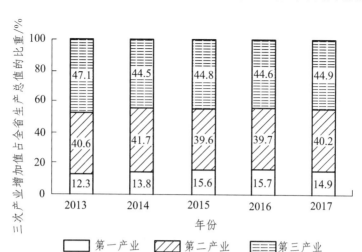

图 5-3　2013—2017 年三次产业增加值占全省生产总值的比重

数据来源：贵州省统计局 2017 年贵州省国民经济和社会发展统计公报。

（三）地理环境

举办地的自然环境是体育赛事项目运作的一个最为基础的外部环境条件[①]。常规的体育竞赛场地只是需要在固定的、标准的体育场馆中进行，而户外运动赛事往往在一些开放型的自然场地中进行，与该地区的地质条件、气候、海拔、降雨等因素密切相关。

贵州省地处低纬山区，地处云贵高原东部，地势高低悬殊，自中部向北、东、南三面倾斜，平均海拔 1 100 米左右。全省地貌主要分为高原山地、丘陵和盆地 3 种基本类型，其中 92.5%的面积为山地和丘陵，素有"八山一水一分田"的说法。贵州省境内山脉众多，重峦叠嶂，连绵纵横，山高谷深。北有大娄山，自西向东北斜贯北境，其中娄山关海拔 1 444 米；中南部苗岭横亘，主峰雷公山海拔 2 178 米；东北有武陵山，主峰梵净山海拔 2 572 米；西有乌蒙山，主峰韭菜坪海拔 2 901 米，是贵州境内最高点；黔东南州的黎平县地坪乡水口河出省界处，海拔 147.8 米，为贵州境内最低点。

贵州的喀斯特地貌发育非常典型，面积占全省总面积的 65%，这里遍布溶洞、天坑、陡崖、峡谷、峰林、湖泊等丰富的自然资源。喀斯特地貌为贵州山地户外运动的开展提供了天然的地理基础。遵义市绥阳县双河洞，长达

---

① 张林. 体育赛事事前评估[M]. 人民体育出版社，2011：98.

238.48 千米，深度超过 550 米，是我国最长的洞穴群，数十年来一直吸引了国内外众多科考、探险专家前来科考探险。安顺紫云格凸河、黔西南安龙笃山都有着天然的攀岩崖壁，成为众多攀岩高手的攀岩圣地。在这里可以获得征服自然、挑战极限的快感。黔西南州兴义市马岭河峡谷、开阳县南江大峡谷、绥阳清溪河峡谷等都是古代造山运动中剖削深切的大裂水地缝，峡谷内景色优美，群瀑飞流，河流时而湍急，时而平缓，九曲十八弯，是开展峡谷漂流、激流回旋等户外运动项目的好地方。贵阳红枫湖、黔西南州万峰湖、遵义市卧龙湖等湖泊资源丰富，适合开展各种水上运动项目。其中，红枫湖早在 2001 年 4 月就被国家正式命名为"国家体育总局水上运动管理中心贵州红枫湖亚高原水上运动训练基地"，主要开展赛艇、皮划艇、激流回旋皮划艇等运动项目，也成功举办过许多国际国内水上运动比赛。

贵州省位于副热带东亚大陆的季风区内，气候类型属中国亚热带高原季风湿润气候。全省大部分地区的气候四季分明，冬无严寒，夏无酷暑，全年平均气温约 16.4 ℃，海拔较高的西部及西北部年均气温 10 ℃ ~ 14 ℃，在省的南部边缘河谷低洼地带及省的北部赤水河谷地带，年均气温 18 ℃ ~ 19 ℃。各地月平均气温的最高值出现在 7 月份，平均气温 22 ℃ ~ 25 ℃，最低值出现在 1 月份，平均气温 4 ℃ ~ 6 ℃。全年极端最高气温 34.0 ℃ ~ 36.0 ℃，极端最低气温 -9.0 ℃ ~ -6.0 ℃，但出现天数都很少，或仅在多年之中偶尔出现。

贵州省常年雨量充沛，全省平均年降水量大部分地区在 1 100 ~ 1 300 毫升，但时空分布不均，南部多于北部，东部多于西部。全省有 3 个多雨区和 3 个少雨区。3 个多雨区分别位于贵州省的西南部、东南部、东北部；3 个少雨区分别在威宁、赫章和毕节一带，大娄山西北部的道真、正安和桐梓一带，舞阳河流域的施秉、镇远一带。就全省绝大部分地区而言，全年雨量相对较为充沛。全省各地降雨日一般在 160 ~ 220 天，比我国同纬度的东部地区要多出 40 天以上。

根据中国登山协会的定义，山地户外运动是指在海拔 3 500 米以下的山区、丘陵开展的形式多样的户外运动。山地户外运动包括丛林系列（如定位与定向、丛林穿越、丛林宿营、野外生存等）、峡谷系列（如漂流、溯溪、溪降、搭索过涧等）、登山攀岩系列（如登山、攀岩、岩降等）、荒原系列（如穿越、生存等）、高原探险系列（如洞穴探险、高原徒步、峡谷穿越、江河探险等）、水平户外运动（如自行车穿越、公路赛跑、公路徒步等）和群体活动

（如群众性登山等）等 7 类。贵州的地理环境非常符合开展上述多项山地户外运动。

（四）文化环境

文化环境是指包括影响一个社会的基本价值、观念、偏好和行为的风俗习惯及其他因素。经济环境和地理环境是山地户外运动赛事举办的前提条件，文化环境是体现山地户外运动赛事风格的重要因素。贵州的文化环境可分为历史文化和风情文化。

贵州高原洞穴丰富，毕节市黔西县观音洞遗址、安顺市普定县穿洞遗址、盘州市十里大洞遗址、黔西南州兴义市猫猫洞遗址和安龙县观音洞遗址，都表明在远古时期就有原始人类在这片高原活动。这些原始洞穴遗址文化是贵州高原文化的始端，是中华文化的重要组成部分。司马迁《史记·西南夷列传》中的"夜郎自大"，李白的诗句"夜郎万里道，西上令人老"中所描述的夜郎指的是秦汉时期的夜郎王国。至今我们只知夜郎国，却无从知其具体所在和发展历程，这也给贵州的古代历史蒙上一层神秘的面纱，吸引了众多学者研究。安顺黄果树大瀑布不远处红崖碑上的文字，形如古代篆文，摹刻过于奇特，始终未有人能解开其中之谜。在一堵长约 10 米的岩面上，有着非镌非刻、非阴非阳的几十个形如古文的字样，这就是驰名中外的"红崖天书"，又称"红崖古迹"。关于"红崖天书"的解释，种类繁多，有说是大禹治水时所留，有说是诸葛亮南征时所刻，还有人认为是外星人的遗迹。古今中外众多学者为解此谜耗尽了不少心血，但至今还无人破解。另外，还有奇异的建文遗宗、古怪的陈圆圆墓等，都给贵州的历史文化蒙上了一层神秘的色彩。

贵州有 3 个民族自治州、11 个民族自治县、253 个民族自治乡，少数民族人数众多，是一个不折不扣的民族大省。千百年来，贵州的各个民族和睦相处，交流频繁，共同创造了多姿多彩的贵州民族文化。多彩的民族节日、悦目的民族服饰、动听的芦笙和铜鼓、粗犷的民族舞蹈、醉人的酒文化、多样的民族体育项目等，都体现出多彩的贵州民族风情文化。这些文化相互交织，相互影响，铸就了贵州民族文化的多彩性和深厚性。近年来，贵州举办的大型体育赛事中都有民族风情文化的色彩，不仅丰富了贵州体育赛事的人文风情，还有助于少数民族文化的传承和发展，推动少数民族文化走出贵州，走向世界。

（五）地方支持

地方支持包括地方政府的支持和地方居民的支持。地方政府的参与和支持是户外运动赛事成功举办的关键，是赛事成功举办的必要条件。在我国，大型赛事一般都是由政府出面申办的，前期基础设施的改造，体育场地的设计，资金的筹措及使用，赛事的举办及安保措施等，基本全是政府一手操办的。在这种情况下，政府的态度直接决定赛事的成败。近年来，贵州各地政府都热衷于申办大型体育赛事，这为贵州山地户外运动赛事的发展提供了难得的机遇。

举办地居民的支持对山地户外运动赛事的举办也极为重要，它可以为赛事的举办创造一个良性的外部环境。民众的态度是赛事成功举办的风向标。如果一场赛事的举办过程中观众寥寥无几，志愿者屈指可数，大家都对此漠不关心，就很难烘托出赛事氛围，也很难维持赛事的长期运行。贵州人的好玩和好客心理，有助于贵州民族特色山地户外运动赛事的长期发展。每逢重大赛事，来自全省各地的观众络绎不绝，如同参加重大节庆。黔西南州顶效镇查白村每年农历七月都要举行查白歌节，往往在歌节前三四天，就有络绎不绝的来自省内外的布依族同胞，前来参加一年一度的盛大歌节。歌节这天，附近的山坡上常常聚集数十万布依族同胞。2015年六盘水马拉松比赛中有一段赛道设置在崎岖的山边，附近有一个彝族村寨。比赛那天，该村的彝族同胞基本全村出动，身着盛装，敲锣打鼓，提前三五个小时就聚集在赛道两侧为运动员加油助威。这足以显现举办地居民对赛事的高涨热情和支持态度。

二、资源条件

户外运动赛事项目的资源条件是户外运动赛事运行的重要物质基础，它是保证户外运动赛事顺利进行的基本条件。在举办户外运动赛事之前，必须要对赛事的资源条件进行评估。户外运动赛事资源条件是赛事事前评估的重要组成部分，其指标包括举办地基础设施条件、场地设施条件、赛事运行经费、食宿条件、安保条件等。

（一）基础设施条件

体育赛事的举办能够促进举办城市及周边基础设施建设。山地户外运动赛事与常规的体育赛事不同，常规的体育赛事一般都是在标准的固定场地内进行，而山地户外运动赛事往往依托特有的山地资源，因地制宜地开展户外运动赛事。相比常规运动赛事，山地户外运动赛事不仅对城市基础设施有较高的要求，对远离城市的山地赛区的基础设施条件要求也比较高。另外，户外运动赛事的举办也要以良好的基础设施建设为前提条件，如果没有这个条件，则难以成功举办体育赛事。

贵州省近 5 年基础设施建设力度不断增强，表 5-1 和表 5-2 对近 5 年贵州省主要城市贵阳市、六盘水市、遵义市、安顺市、铜仁市、兴义市、毕节市、凯里市和都匀市等的人均道路面积和人均公园面积进行了统计。结果显示，近 5 年贵州省主要城市人均城市道路面积都增加较多，其中发展速度较快的城市为都匀市、安顺市和遵义市，增幅分别是 12.87 m²、12.16 m² 和 5.97 m²。截至 2017 年年底，人均城市道路面超过 20 m² 的城市分别是都匀市、兴义市和安顺市。人均城市道路面积的不断增加表明地方政府对交通基础设施的重视程度也在不断增强，只有改善道路交通设施，才能使交通更加便捷快速。另外，近 5 年贵州省主要城市人均公园绿化面积也有大幅扩大，增幅最快的城市为安顺市、六盘水市和遵义市，增幅分别是 18.19 m²、8.55 m² 和 7.07 m²，其中安顺市人均公园绿地面积达 20.58 m²，增幅和人均面积高于全省其他城市。公园绿地面积的增大不仅表明政府重视群众健身工作，也表明该城市户外运动蓬勃发展。

表 5-1　近 5 年贵州省主要城市人均城市道路面积统计（单位：m²）

年份	2013	2014	2015	2016	2017
贵阳市	9.74	9.84	9.84	9.90	10.31
六盘水市	12.43	12.34	16.14	11.72	12.94
遵义市	5.07	7.05	7.01	11.76	11.04
安顺市	8.05	8.82	13.56	18.86	20.21
铜仁市	7.47	7.84	9.06	9.17	7.58
兴义市	20.75	21.78	21.98	20.23	21.99
毕节市	13.29	16.51	16.80	16.62	14.33
凯里市	13.25	12.50	11.53	10.95	5.97
都匀市	8.19	8.97	8.95	12.65	21.06

数据来源：2014—2018 年贵州统计年鉴。

表 5-2　近 5 年贵州省主要城市人均公园绿地面积统计（单位：m^2）

年份	2013	2014	2015	2016	2017
贵阳市	15.47	15.47	14.22	16.18	17.70
六盘水市	3.00	16.66	10.61	11.11	11.55
遵义市	13.10	12.70	15.00	17.41	19.77
安顺市	2.39	2.63	8.01	20.43	20.58
铜仁市	2.64	5.42	8.54	8.33	6.90
兴义市	8.04	7.91	7.34	7.00	9.78
毕节市	19.96	18.73	20.23	21.85	17.46
凯里市	14.84	13.84	14.90	13.53	6.56
都匀市	8.25	8.20	8.73	8.34	10.17

数据来源：2014—2018 年贵州统计年鉴。

近 5 年，贵州省交通条件也不断改善。表 5-3 对近 5 年贵州省境内运输线路进行简单统计，结果显示，2013—2017 年贵州省铁路营业里程从 2 096 km 增加到 3 285 km，增幅达 56.73%。2013 年贵州还没有高速铁路通行，但到 2017 年已经有 860 km 铁路营运，平均每年增幅为 64%。公路线路里程从 2013 年的 172 564 km 增长到 2017 年的 194 379 km，每年都有新的公路投入使用。内河航道里程基本保持稳中有升。民用航空方面，贵州省内机场数量由 2013 年的 9 个增长到 2017 年的 11 个，通航城市也从 68 个增加到 101 个，航班所通的国外地区和城市由 7 个增加到 21 个，运输航班和进出港旅客也翻了一番多（见表 5-4）。这些数据充分说明，贵州近几年陆、海、空交通条件不断改善，尤其在高速铁路和运输航班上尤为突出。交通设施的便捷与快速，吸引了更多的外地游客到贵州观光旅游。2017 年共有 74 355.86 万人次（含境外游客）到贵州旅游。

表 5-3　近 5 年贵州省境内运输线路统计表（单位：km）

年份	2013	2014	2015	2016	2017
铁路营业里程	2 096	2 373	2 810	3 270	3 285
复线里程	667	938	1 356	1 630	1 630
高速铁路营运里程		234	560	835	860
公路线路里程	172 564	179 079	186 407	191 626	194 379
内河航道里程	3 563	3 661	3 661	3 664	3 664

数据来源：2014—2018 年贵州统计年鉴。

表 5-4　近 5 年贵州省境内民用航空运输统计

年份	2013	2014	2015	2016	2017
机场个数/个	9	10	10	10	11
通航城市/个	68	81	81	92	101
国际及地区城市	7	12	14	20	21
运输航班/架次	104 750	140 219	155 668	186 999	233 875
进出港旅客/万人次	1 125.46	1 420.68	1 563.28	1 873.81	2 457.65

数据来源：2014—2018 年贵州统计年鉴。

（二）场地设施条件

户外运动赛事的场地设施条件较常规体育竞赛场地，没有那么多的条条框框，不需要标准化的场地设施，往往依托特有的户外资源，因地制宜地开展运动竞赛。但是，户外运动场地的设施条件也有较高的要求，第一必须保证安全。户外运动往往是在天然的场地内进行的，必须排除场地因素带来的次生灾害。比如在天然崖壁上进行攀岩活动，赛前必须将崖壁上松动的石块及杂草树根清理干净，运动员在攀岩时不能因石块掉落而被砸伤。第二要保障户外运动项目的专项性。贵州省户外运动资源很丰富，但并不是每项户外运动项目都可以开展，如攀冰、沙漠越野等项目，因为贵州没有这些户外运动资源。我们应该依据自身的天然地理地质优势来开展相应的户外运动项目。安顺市紫云县格凸河攀岩基地，有着天然的攀岩崖壁，这在其他地区或国家是很难找到的，因此会吸引国内外众多攀岩高手前来挑战。坝陵河大桥桥面距离河面有 370 m 之高，周围群山环绕，绿草茵茵，景色优美，开展低空跳伞不仅能让运动员体验征服大自然的快感，还能感受到中国的壮丽河山，这和在城市高楼低空跳伞的感觉明显不一样。

（三）赛事运行经费

举办一项重大山地户外运动赛事，通常需要大额的赛事运行经费。赛事运行经费包括经费预算、经费来源、经费使用、经费监管等。经费预算必须科学、合理、适度，不能超出实际运动经费太多。预算经费过高会造成赛事举办前期压力太大，经费过低则造成后期财政赤字，无法保证赛事正常运转。经费来源是赛事长期或者周期性举办的重要保障。目前，我国山地户外运动赛事经费的来源主要是政府支持和赞助商赞助。如果长期依靠政府出资，势必会增加政府财政负担；如果仅仅依靠赞助商赞助，则难保证赛事长期举办。经费的来源要根据举办地的经济实力、人文氛围来衡量，要以政府支持为主，尽可能多地拓宽资金来源渠道，不能过度依赖某一方面的资金。经费使用和经费监管要同时进行。经费的每一笔支出都必须在经费预算之内，不能做太多超出经费预算的经费支出。同时，经费的监管必须要跟上，不能让经费的使用处于无序无度的状态，但也不能监管太死，要有弹性，这样才能保证赛事经费科学合理的使用。

（四）食宿条件

户外运动赛事举办期间，尤其是一些大型户外运动赛事如马拉松赛，可能会有数以万计的运动员、裁判员、观众在较短的时间内聚集到赛事举办地，这就给当地餐饮食宿带来很大的机遇，但也面临着巨大的挑战：一是表现在服务的数量上，当地的宾馆、饭店能不能满足这么多外来人员的需要；二是表现在服务的质量上，举办地有没有足够的星级宾馆来满足外来人员的要求。

近 5 年，贵州省的住宿条件也在不断改善，宾馆接待能力不断增强，服务质量也不断提高（见表 5-5）。全省客房数量从 2013 年的 314 771 间增长到 2017 年的 766 831 间，增幅达 143.62%；客房床位数也由 2013 年的 568 387 张增加到 2017 年的 1340 539 张，增幅达 135.85%。近 5 年，客房的开房率均在 60%左右。星级饭店个数近 5 年基本保持在 300 左右。旅馆住宿人数从 2013 年 7 707.83 万人次增加到 2017 年的 17 971.59 万人次，增幅达133.16%。这些数据变化充分说明贵州省近几年旅馆接待能力不断加强，到黔旅游人数也在不断增加。另外，也表明贵州省的旅馆接待能力处在一个合理的水平，基本能满足短期高峰入黔游客入住。

表 5-5　近 5 年贵州省旅馆业接待经营统计

年份	2013	2014	2015	2016	2017
年末客房数/间	314 771	330 520	371 718	521 275	766 831
年末客房数床位数/张	568 387	592 899	661 588	920 173	1 340 539
星级饭店个数	377	358	343	308	286
客房开房率	59.9	57.7	58.5	61.7	59.6
实际住宿人次数/万人次	7 707.83	9 268.64	10 862.62	14 362.34	17 971.59

数据来源：2014—2018 年贵州统计年鉴。

（五）安保条件

安保是保障山地户外运动赛事成功举办的重要条件。安保工作是指为山地户外运动赛事的活动现场、驻地及其他场所提供安检和消防应急等服务，以保障赛事相关人员的人身安全和赛事顺利进行的工作。安保工作涉及的对象有运动员、官员、教练员、裁判员、观众、媒体等，人员数量多、背景复杂、涉及面广，这就决定了安保工作的难度和重要程度。安保工作稍一疏忽，就有可能导致赛事"功亏一篑"。安全隐患可能来自外界，也可能来自自身。2013 年，美国波士顿马拉松比赛中发生的爆炸案，造成 4 人遇难、多人受伤的惨况，就是一起来自外界的恐怖活动造成的。2018 年 11 月的苏州马拉松赛中，运动员何引丽在距离终点 500 米时两次被志愿者追赶并强行塞送国旗而干扰该运动员比赛，最终导致何引丽以 5 秒之差与冠军失之交臂。

三、市场条件

山地户外运动赛事的市场条件是指山地户外运动赛事举办地由户外运动赛事所"生产"的产品与服务的市场情况。山地户外运动赛事的市场与山地户外运动赛事项目本身的性质和特征密切相关，如果赛事的知名度越大，那么该赛事的项目的市场就越成熟。如中国·贵州·遵义娄山关·海龙屯国际山地户外运动挑战赛已连续举办12届，在国内外已经具有较大的影响力，经过多年的经验积累，该赛事的项目市场已经逐渐成熟。户外运动赛事项目市场条件评估指标包括户外运动赛事的知名度、赛事与举办地形象的吻合程度和赛事与举办地的旅游战略融合程度等。

（一）户外运动赛事的知名度

体育赛事的知名度是指以赛事为核心产品，具有运动员在运动竞赛生产过程中表现并被大众、媒体和公司等顾客群体接纳的独特文化内涵的符号[1]。赛事的知名度越大，被大众、媒介、赞助商等机构接纳的程度就高，赛事的发展前景就会越好；反之，如果赛事的品牌或知名度偏低，被大众、媒介、赞助商等机构接纳的程度就低，赛事的发展前景就会较差。

---

[1] 柴红年. 赛事品牌构建理论与实证研究[D]. 上海体育学院，2007：45-46.

山地户外运动赛事的知名度与赛事项目普及程度、项目级别、项目开展方式、项目举办的届数等有关。一是在相同条件下，赛事普及的程度越高，越被民众认可，赛事的知名度就高，如近几年全国上下如火如荼开展的马拉松系列赛。二是在同类项目中，项目的级别越高，项目的影响力就越大，如中国·瓮安国际山地户外运动挑战赛，是我国主办的最高级别（A级）国际户外运动赛事。三是项目开展的方式，这种项目一般是赛事主办方不走寻常路，另辟蹊径开展的一些特殊户外运动项目，如在我国南方亚热带高原地区开展冰雪运动，就能博得众多关注。四是赛事举办的周期长度与知名度也显著相关。一个普通的赛事经过多年的磨炼，也能逐渐扩大影响力，赛事举办也会越来越成熟，从而提高赛事的知名度。另外，赛事参与对象的性别对赛事的知名度也有影响。一般情况下，参赛队员为男性的山地户外运动赛事的知名度要高于参赛队员为女性的山地户外运动赛事的知名度。

（二）户外运动赛事与举办地形象的吻合程度

户外运动赛事项目与举办地的形象是否吻合是户外运动赛事能否提升该地区对外形象的关键。户外运动赛事与举办地形象是否吻合主要体现在以下两个方面：

一是要看户外运动赛事项目是否与本地区地理环境相吻合。贵州是一个典型的山地大省，喀斯特地质地貌发育完美，高山林立，丛林密布，峡谷幽深，溶洞奇观，适合开展山地越野、峡谷漂流、溶洞探险、崖壁攀爬、悬崖速降、低空飞行、汽车越野等户外运动项目。同时，贵州又是典型的亚热带季风季候，地处云贵高原东部，冬无严寒，夏无酷暑，一年四季都适合开展户外运动项目。但是，并不是所有的户外运动项目都适合开展，如潜水、航海、攀冰、沙漠生存等户外运动项目。这些项目具有非常典型的地域特征，而贵州恰恰不适合开展此类项目，如果强行开展，不仅劳民伤财，而且效益也会很差。

二是要看山地户外运动赛事项目是否与本地区人文环境相吻合。贵州具有悠久的历史文化，从史前观音洞、猫猫洞等原始人遗址到神秘的夜郎文化，再到延续几百年的土司文化，再到长征时的红色文化，都彰显了贵州深厚的文化底蕴。贵州还是一个多民族交错居住的地区，各个民族基本是大杂居、小聚居的格局。民族间长期的互融互通，既保留了本民族的特色，又融合了各民族的共性，体现了"你中有我、我中有你"的文化特色。贵州各民族的民族服饰、民族建筑、民族饮食、民族节庆、民族风俗、民族体育都体现了这一点。另外，贵州还是一个盛产美酒的地区，不仅茅台酒享誉海内外，还有习酒、青酒、回沙酒、贵州醇、董酒、王子酒等，各个民族还有自己独特的酿酒技艺。贵州山地户外运动赛事的举办要将这些典型的地域人文特色文化有机融合，不能牵强附会，更不能生搬硬造，既要使山地户外运动赛事充满活力，又要突出地方文化特色，才能使山地户外运动赛事具有旺盛的生命力。

（三）户外运动赛事与举办地的旅游战略融合程度

山地户外运动赛事与当地旅游业是相辅相成的。一方面，山地户外运动赛事的开展能够吸引大量外地运动员、观众涌入该地区，产生食宿、观光旅游方面的消费，从而带动该地区旅游产业的发展。山地户外运动赛事还能提升该地区的知名度，扩大对外影响力，吸引更多的外地游客前来观光消费。另一方面，举办地旅游产业的发展也能为山地户外运动赛事举办带来机遇，借助旅游产业的知名度扩大山地户外运动赛事的品牌影响力。要将山地户外运动赛事与举办地旅游业有机融合，还需当地政府精心谋划，量身打造，才能促进两者协调、健康发展。目前，贵州多个地区也已经尝试将山地旅游产业与户外运动赛事有机融合起来，做得最好的当属黔西南州举办的国际山地旅游暨户外运动大会。2018 年国际山地旅游暨户外运动大会是黔西南州自 2015 年以来连续举办的第四届大会，旨在推动旅游与体育的深度融合。此次国际山地旅游暨户外运动大会由主体活动、配套活动、国际山地户外运动赛事活动和系列活动 4 个板块组成。大会也成为展示贵州甚至国内外山地旅游资源、户外运动发展水平、旅游扶贫经验及成果的窗口和推动山地旅游户外运动国际交流合作的平台。

四、竞争环境

竞争现象普遍存在于人类生活的各个领域之中，竞争是一个极其广泛的社会现象和问题[①]。山地户外运动赛事竞争环境的评估是指对山地户外运动赛事项目的潜在竞争者或可能的替代品生产者等，对山地户外运动赛事的运行造成负面影响的因素所做的论证或评估。山地户外运动赛事项目的竞争环

---

① 张林. 体育赛事事前评估[M]. 人民体育出版社，2011.

境评估包括山地户外运动赛事举办期间其他地区举办大型活动的可能性和赛事举办期间内的其他活动两项评估内容。

对于一项大型户外运动赛事，它的运动员、观众群体可能来自国内国外各地。如果在赛事举办期间，其他地区也在举办大型体育赛事活动，甚至是举办与该赛事性质一样的大型体育活动，那么这对该赛事项目在举办地的成功举办势必会带来较大影响。例如如今全国上下的马拉松赛热，有时候会出现一天内全国同时举办十几场马拉松赛的现象，会对运动员选择参赛城市造成影响。因而会造成马拉松运动员分流，进而影响马拉松赛事的规模和影响力。就全国而言，我国马拉松赛事举办的时间大多是在春、秋、冬季节，夏季很少举办。原因是夏季全国绝大部分地区气温普遍偏高，不适合开展马拉松运动。贵州虽然地处我国低纬度地区，但因海拔较高和植被良好，夏季平均气温 25 ℃左右，比全国其他地区低 6 ℃~8 ℃，因此贵州会有"爽爽贵州"的称谓。在炎炎 7 月，全国马拉松赛事举办相对较少的情况下，贵州正好可以抓住这一机遇，相继举办贵阳马拉松赛和六盘水马拉松赛，让众多马拉松运动员和观众在炎炎夏日感受贵州的凉爽，这也有助于贵州旅游产业的发展。

山地户外运动赛事同其他大型活动一样，都属于节事活动。如果在赛事举办期间，该地区同时还举办了其他大型体育赛事或其他大型活动，那么就很可能对该赛事造成很大的影响，造成该赛事竞争环境激烈，政府的精力、赞助商的经费不足，以及观众分流。如果在同一地区举办多项户外运动赛事或其他大型活动，最好做成一年内的系列赛事，并且赛事举办要有适当时间间隔，保证资金、人员、场地等因素有一个弹性发展空间。

第二节　贵州山地户外运动赛事的规划与设计

山地户外运动赛事一旦确定举办，或者已经申办成功，接下来就要对整个山地户外运动赛事的机构进行科学规划。赛事结构的规划包括规划要素、环境设计和项目规则。

一、山地户外运动赛事的规划要素

户外运动赛事结构的规划设计包括 3 个层次，分别是核心层、中间层和外围层。

（一）核心层

核心层包括项目、空间、消费品和运营 4 个方面。项目是指山地户外运动赛事的项目。表 5-6 显示的是 2017—2025 年贵州各地重点建设户外体育项目的情况。通过表中各地区户外运动项目建设情况，我们不难看出，贵州未来几年要开展的户外运动项目集中在山地自行车、露营、攀岩、野钓、滑草、皮划艇、马拉松等比较受欢迎的项目。另外，还有许多地区准备开展一些民族文化表演、民族武术、龙舟竞技和民生体育等具有典型民族特色的户外活动。户外运动赛事项目的规划，一是要符合本地区地域特色，应依据地理、气候、民族风情等开展。二是项目的级别应设定恰当，不能一下就达到国际顶尖水平。因为还没有积累相关经验，对外影响力也没有达到，如果过早提高赛事级别，势必会造成资金浪费，难以建立良好的口碑。三是赛事项目的难度应适宜。难度太大，就难以吸引运动员参与，安全隐患也相对较大；难度太小，就没有挑战性，也难以吸引运动员参与。

表 5-6　2017—2025 年贵州各地重点建设户外体育项目一览

项目所在地	建设内容
安顺市关岭县永宁镇	马术、攀岩、山地汽车拉力赛
安顺市镇宁县	休闲旅游、水上运动项目
贵阳市花溪区高坡乡	露营、山地运动
贵阳市乌当区水田镇云雾山	滑雪、滑翔伞、汽车拉力、山地自行车、攀岩、蹦极基地房车营地、定向越野营、登山、溶洞探险
贵阳市乌当区羊昌镇百宜镇新堡乡	半程马拉松
贵阳市修文县久长镇	汽车露营、马术
贵阳市息烽县永靖镇	越野车赛
黔东南州施秉县	滑草、滑翔、山地、骑射捕猎场、漂流
黔东南州岑巩县水尾镇	森林探险、峡谷漂流
黔东南州雷山县	自行车、露营
黔东南州凯里市	斗牛、极限攀岩、自行车速降
黔东南州剑河县	溜索、蹦极、垂钓、展溜、游泳、皮划艇、龙舟
剑河县革东镇五河五岔村	水上乐园、沙滩运动、龙舟竞技
毕节市金海湖新区双山镇	漂流、航渡、传统民俗文化表演

续表

项目所在地	建设内容
毕节市黔西县新仁乡	露营、少数民族武术
毕节市金沙县	露营、峡谷漂流、溯溪
毕节市纳雍县羊场乡	登山、露营
黔西南州兴仁县潘家庄镇	山地运动项目、滑草
黔西南州册亨县岩架镇	野钓、露营
黔西南州兴仁县鲁础营乡	露营
黔西南州普安县	山地自行车越野
黔西南州望谟县	野钓、峡谷漂流、山地攀岩、洞府探险
兴义市七舍镇七舍村	高山滑雪、滑草，草地滑车、草地自行车、滑草船、悠波球、草地越野车、草地滑翔等
六盘水市水城县	峡谷漂流、山地自行车、滑雪场
六盘水市钟山区大湾镇海嘎村	定向越野、丛林探险、谷底探险、狩猎场、越野车、山地自行车、山地摩托车、攀岩运动、luge 滑板车、滑草、滑雪
黔南州瓮安县	户外竞技、森林探险、越野自行车
黔南州平塘县甲茶镇拉安村	丛林探险、峡谷漂流、溜索
黔南州罗甸县红水河镇	水上乐园、野钓等
黔南州三都县三合街道	赛马
黔南州长顺县代化镇睦化社区	水上运动、溶洞探险、山地户外运动
黔南州罗甸县沫阳镇	自行车、露营、低空滑翔
黔南州平塘县卡蒲乡	毛南族"火把节"、毛南族"舞火龙"
铜仁市印江自治县木黄镇五甲村	攀岩、速降墙、荒野求生、露营
铜仁市松桃县	汽车越野
遵义市桐梓县黄莲乡黄莲坝村	滑雪（草）、森林探险、徒步
桐梓县马鬃乡龙台村、中岭台村	露营、山地自行车、山地滑草（雪）、山地水上乐园

　　户外运动赛事机构核心层中的空间是指户外运动赛事举办的场地。户外运动赛事项目一旦确定下来，接下来就要确定比赛场地，首先关注的应是选址问题。场地不宜距离城区太远（一些与地质地貌融合性强的项目除外），

一般在 1 小时路程距离内较为合理，如果距离城区太远，一方面容易让参赛选手赛前就疲劳，不能以充沛的精力投入比赛；另一方面对举办城市的经济拉动也不明显。其次，就是赛事场地设施配套情况。户外运动赛事场地设施必须赛前全部到位，能够满足运动员在运动中的各种需求，场地设施不能过于简陋，设施应突出地方民族特色，适当与当地民族建筑、民族节庆、民族体育有机融合。最后，赛事场地设施要与当地旅游景区形成联动，应充分考虑在无赛事期间这些场地设施也能发挥相应的作用，可以作为旅游景区的连带设施，也可作为附近居民体育锻炼的场所。

户外运动赛事规划核心层中的消费品，主要包括外地运动员及观众产生的交通、食宿等方面的消费，以及围绕该项赛事开发出的相应商品。一项大型户外运动赛事的举办必须建立在便捷的交通设施的基础之上，外地运动员或观众的逗留时间一般在一天至两天，如果往返交通占用大量的时间，就会让他们望而却步。外地运动员首选交通工具是高铁和飞机，其次是高速公路和普通铁路。举办地应先大力改善该地区交通运输条件，使交通便捷舒适。饮食首先要保证健康，然后突出特色。一般星级以上宾馆即可满足住宿需求，但要保证有充足的房源。另外，还要围绕赛事开发相应的商品，如吉祥物、纪念品和一些民族特色产品等。

户外运动赛事规划核心层中的运营主要指赛事运营的主体。赛事运营的主体可以是政府、企业、个人或多家合作等。以遵义市国际山地户外运动挑战赛为例（见表 5-7），山地户外运动赛事的组织管理主体分为主办单位、承办单位和协助单位。遵义市国际山地户外运动挑战赛的主办单位为中国登山协会、贵州省体育局和遵义市人民政府，承办单位为贵州省登山协会、遵义市体育局、中共遵义市汇川区委、汇川区人民政府，协办单位一般为企业组织。一般而言，低水平、普及程度不高、影响力不大的户外运动赛事可以交给企业或个人来运营；而高水平的、影响力大的山地户外运动赛事的举办采用以政府为主体、多家合作的模式运营。高水平的、影响力大的山地户外运动赛事往往持续的周期长，所需经费多，对物力人力要求也高，一般的企业或个人难以满足，要以政府为主导，同时吸纳更多的企业、个人参与运营管理，既要减轻政府负担，保障赛事长期举办，又要激发普通企业、个人的商业活力，推动经济发展。

表 5-7　近 5 年遵义市国际山地户外运动挑战赛的组织管理主体一览

时 间	主办单位	承办单位	协助单位
2014 年	中国登山协会、贵州省体育局、遵义市人民政府	贵州省登山协会、遵义市文化体育广播电影电视局、汇川区人民政府	遵义润昇置业有限公司、万豪世贸城、贵州银行遵义分行、遵义市榕树岛内价购物广场有限公司、保利未来城市等
2015 年	中国登山协会、贵州省体育局、遵义市人民政府	贵州省登山协会、遵义市体育局、汇川区人民政府	遵义市登山协会
2016 年	中国登山协会、贵州省体育局、遵义市人民政府	贵州省登山协会、遵义市体育局、汇川区人民政府、中共遵义市汇川区委	遵义润昇置业有限公司
2017 年	中国登山协会、贵州省体育局、遵义市人民政府	贵州省登山协会、遵义市体育局、汇川区人民政府	遵义润昇置业有限公司、传奇文化（贵州）景区运营管理有限公司、遵义浙商房地产开发有限公司
2018 年	中国登山协会、贵州省体育局、遵义市人民政府	贵州省登山协会、遵义市体育局、中共遵义市汇川区委、汇川区人民政府	遵义市经济技术开发区投资建设有限公司

（二）中间层

山地户外运动赛事总体规划的中间层包括商务、市场营销和财务 3 个方面。商务是指户外运动赛事举办经费的预算与筹措，包括从赞助商、政府、公共组织、个人那里获取的经济支持等。赛事经费主要包括冠名权、赛事广告和赛事门票等。冠名权主要是指在赛事资源市场开发的过程中，由企业通过提供赛事活动经费，来取得用自己的商标和品牌给赛事命名的权利[①]。企业对山地户外运动赛事进行冠名，以宣传企业自身形象，提高企业知名度，

① 陆艳珊．基于态势分析法视角下山地户外赛事市场开发对策研究——以第八届遵义娄山关·海龙囤国际山地户外挑战赛为例[J]．成都体育学院学报，2017．

增强民众对产品的认知度，从而达到商业宣传的目的。赛事广告包括赛道广告、条幅广告、器材广告、服装广告、显示屏滚动广告。此外，还包括起点、终点的背景广告、号码布广告、冲刺带广告、赛事手册广告、门票票面广告等。山地户外运动赛事门票收入不同于常规赛事门票收入。常规体育赛事一般是在相对封闭的环境中进行，观众需购票方能观看，而山地户外运动赛事的举办往往在开放的场地或在旅游景区中进行，很难出售大量门票，并且目前我国民众对山地户外运动认知度还不高，观众寥寥，往往由主办方组织很多单位职工来烘托氛围。

山地户外运动赛事的市场营销是指体育赛事举办方从体育赛事消费者的需求出发，通过创造、提供出售体育赛事产品并同赛事消费者交易产品和价值，以获得其所需的一种营销活动[1]。户外运动赛事与其他体育赛事一样，营销活动通常包括两方面的内容：一是体育赛事本身的营销，也就是直接向消费者营销赛事产品或服务，如体育赛事门票、吉祥物、纪念品等的销售；二是以赛事为载体的体育赛事营销，借助体育赛事对企业、公司的产品或服务进行的营销，如企业赞助、冠名权、场内外的广告等。

（三）外围层

山地户外运动赛事总体规划的外围层包括危机管理和利益相关者管理两个方面。山地户外运动赛事在组织和举办时会面临许多不确定性因素或事件的干扰，导致户外运动赛事不能按照规划设计那样进行，具有不可预测的风险。这些风险包括政治类风险、经济类风险、灾害类风险、人员类风险、赛事运行风险、场馆建设风险、技术类风险和运动项目风险等。赛事主办方在赛事规划之初就要进行风险规避，尽量把风险降到最低，但在赛事运行期间难免会出现不可预测的风险，因此要提前做好危机管理，防止届时手忙脚乱，无法应对，进而造成恶劣影响。

山地户外运动赛事的举办涉及不同的人群，如运动员、观众、赛事主办方、赛事合作商、赛区附近居民等，要综合考量这些人群的利益。最大限度地保障各自的利益而不伤害其他人群的利益是主办方孜孜追求的目标之一。要想使山地户外运动赛事长期有效地举办下去，必须均衡相关方的利益。运动员参赛的目的是挑战自我，创造佳绩，因此在项目设置、场地布置、人文

---

① 陶卫宁. 休育赛事策划与管理[M]. 重庆大学出版社，2015：122.

关怀、食宿安排等方面都要使运动员有一种宾至如归的感觉。这样才能在竞赛中将其潜能发挥出来，吸引更多的运动员参与该项赛事。观众观看的目的是要获取感官上的刺激，高水平的比赛往往能吸引更多的观众，因此要合理设置赛事难度，并使之具有观赏性。赛事主办方举办赛事的目的是提高本地区的知名度，扩大对外影响力，以此推动本地区经济的发展。他们更想使山地户外运动赛事长期健康举办，不断扩大媒介的宣传作用。赛事合作商是想在赛事中通过媒体宣自身产品来扩大品牌影响力，从而追求商业利益最大化。当地居民想借助赛事的举办寻求商业良机，提高收入，扩大就业。

二、山地户外赛事的环境设计

体育赛事的设计者必须在清楚地了解为谁而创造（目标对象属性）的基础上，提供一个框架并借此使提供者和接受者都能从某一场合（环境）中推导出其意义①。山地户外运动赛事场地选择对于赛事的开展具有重要意义，是赛事环境涉及方面的"硬件"，场地应根据赛事的特点来设计。

（一）赛事场地的类型

1. 聚会式场地

这类场地一般是在一个封闭或者半封闭的空间进行，如攀岩、攀冰、速降、洞穴探险等运动项目，有利于观众观看。

2. "点""线"结合式场地

这类场地一般在规划好的线路上进行，在线路的重要的"节点"（包括起点和终点以及重要的途经点）上设置观众席，以便观看，如马拉松赛、山地越野跑、汽车拉力赛等。

3. 开放式场地

这类场地往往是在面积较大的空旷区域内进行，并且人口稀少，地理条件相对恶劣，如荒漠求生、丛林探险、溯溪越野等。

---

① 陶卫宁. 体育赛事策划与管理[M]. 重庆大学出版社，2015：44.

（二）赛事场地的功能设计

美国著名的人本主义城市地理学家凯文·林奇的"城市意象"理论对山地户外运动赛事举办场地的空间设计具有很好的参考作用。该理论认为，城市的形态主要表现在路径、边界、区域、节点和标志物等五个要素之间的相互关系上。山地户外运动赛事场地的设计也离不开这五个要素。

（1）路径是指运动员从出发点到终点之间的路线。有的路径只有短短几米，如攀岩；有的路径则长达数百千米，如极限越野、荒漠求生、洞穴探险等。无论路径长短，各个要素常常要围绕路径进行设计。在设计时应该对路径上重要的节点、区域、标志物做明确的标示，以便运动员顺利完成比赛。在长距离的赛事项目如马拉松赛、溯溪越野赛中，应在一些重要位置设置方向、距离下一个供给站距离、距离终点距离等标示。

（2）边界是指不作为路径的线性要素，通常由两边的分界线组成。边界的标示可以让赛事参与者清楚地识别他们所在的相对于其他区域的位置，对一些危险区域或关键区域具有一定的警示作用[①]。如在马拉松赛距离终点 200 米外就要在道路两侧设置挡板，将比赛区与观众区严格分开，便于运动员冲刺。在开阔的水域进行游泳或水上运动项目，主办方往往会在危险水域设置浮标，以警示运动员该区域为危险区域。

（3）区域是一种二维空间的面状要素，在山地户外运动赛事中常指项目开展的空间。如露营、放风筝、滑草等户外运动项目，往往是在一个有限的空间内进行，在区域内会设置相关要素对赛事进行限制。

（4）节点是指从一个区域到另一个区域的联结点，如道路的交叉口、方向变换处、现场出入口等。这些节点往往是人员流动密集的地方，如马拉松赛的中途折返点、汽车拉力赛的转弯处等。

（5）标志物是指在户外运动赛事中出现的一些标示、符号、条幅或临时搭建物等，这些标志物往往只起到参照物的作用。例如：在泅渡项目中，运动员就需要从湖泊、河谷中的植物位置来判定水深；在荒野求生项目中，运动员可根据大树的树叶长势来判断空间方向。

（三）赛事场地的情景设计

民族特色山地户外运动赛事场地的情景设计可以围绕上述五要素进行，

---

① 陶卫宁.体育赛事策划与管理[M].重庆大学出版社，2015：47.

使之具有典型的地域民族特色。在路径设计方面，可以将民族村寨巧妙地设计到赛事路线中。如2018年7月第六届"雷公山之巅·巴拉河之夏"山地自行车公路赛中，选手们从凯里民族风情园出发，途经凯里三棵树、南花、雷山县郎德、固鲁苗寨等，一路领略巴拉河峡谷两侧30千米长的苗寨沿岸村寨古朴的苗寨文化遗产，最终达到雷山县民族文化广场。边界虽然不属于路径的线性要素，但对运动竞赛也起着重要作用，可以灵活地将民族文化元素融入其中，如在马拉松赛终点两侧挡板上就可以将民族特色的服饰、体育项目等以图片的方式呈现给运动员，道路两侧也可以站有身穿节日盛装的少数民族观众。如果山地户外运动赛事是在一个相对固定的区域内进行，在赛事举办间隙就可以向全场运动员和观众展演具有民族特色的舞蹈，或表演民族传统体育项目。节点是体现民族特色文化的重要场所，一般情况下节点的人流量比较大，如果在节点处设置民族特色文化宣传板，就大大增加了观众或运动员的认可度。山地户外运动赛事标志物也是很能体现民族特色的重要标示，可以将赛事的logo、奖牌、条幅、临时搭建物与当地特有的民族文化结合起来。如2017贵州镇宁黄果树国际半程马拉松赛赛事logo、奖牌等都以鸟和鱼为元素。

三、山地户外运动的项目规划

山地户外运动竞赛项目可分为山地运动、自然水域运动和人工建筑运动3类。其中，山地运动又可分为森林系列、岩壁系列、峡谷系列、荒野系列和洞穴系列等亚类；自然水域运动可分为划船系列、自然水域游泳和垂钓系列等；人工建筑运动可分为水平系列运动和垂直系列运动。各个亚类又可分为众多子项目（见表5-8）。

表5-8 山地户外运动赛事竞赛项目体系表

大类	亚类	子项目
山地运动	森林系列运动	山地自行车、越野跑、定向越野、野外定位、野营等
	岩壁系列运动	攀岩、速降、攀冰、岩降、崖降等
	峡谷系列运动	溯溪、溜索、低空跳伞、悬崖跳水、滑雪、滑草等
	荒野系列运动	荒野求生、荒野探险、沙漠拉力赛等
	洞穴系列运动	洞穴探险、洞穴速降等

续表

大类	亚类	子项目
自然水域运动	划船系列运动	单人皮艇、双人皮艇、扎伐、漂流等
	自然水域游泳运动	泗渡、横渡、游泳等
	垂钓系列运动	野钓、路亚、筏钓等
人工建筑运动	水平系列运动	坝降、桥降、攀楼、攀塔等
	垂直系列运动	自行车、直排轮滑、公路跑、骑跑交替等

　　国际上对山地户外运动赛事的项目设置有一定的要求，目前多采用"3+X"模式。"3"是固定项目，通常包括越野跑、山地自行车、定向越野或自然水域划船项目（双人皮艇居多）3 个项目[①]；"X"是根据举办地的地理人文特色而设置的特别项目，数量没有限制，可以根据竞赛场地的地形地貌设置攀岩、溜索、溯溪等项目，也可结合地方民俗风情而设置背篓负重、浑水摸鱼等项目。

　　以遵义娄山关·海龙屯国际山地户外运动挑战赛项目为例（见表 5-9）。遵义国际山地户外运动挑战赛是贵州省山地户外运动唯一的国家 A 级赛事，已成为全国 4 大国际户外运动挑战赛品牌赛事之一。经过 10 多年的发展，遵义国际山地户外运动挑战赛项目逐渐形成"3+X"特色鲜明的户外运动赛事。"3"指的是越野跑、山地车和定向穿越。"X"项目每年都有变化，一般都是一些趣味性、游戏性和地方性的运动项目。遵义国际山地户外运动挑战赛在两天内完成，都只是在白天进行，晚上由组委会统一安排休息。每天早上由裁判员发令开始计时，总成绩由两日竞赛成绩累加，用时最少者获胜。赛事线路每年都不同，常常要利用卫星地图、GPS 等工具反复对线路进行勘探，确保赛事的质量。从表 5-9 可以看出，遵义国际山地户外运动挑战赛的项目设置每年都会不同，竞赛项目越来越有趣，比赛形式越来越新颖，兼顾了休闲和竞技双重因素。相对于国内其他 A 级赛事，遵义国际山地户外运动挑战赛的竞技难度相对较低，能让运动员在竞技中享受比赛带来的乐趣。项目设置上，除了专业性强、难度大的户外技能项目，还结合当地特有的民族风情及体育特色，设置了独竹漂、踩高跷等项目，深受国内外运动员的喜爱。

---

① 张雨. 我国山地户外运动赛事组织理论与实践研究[D]. 北京体育大学，2011.

表 5-9　2008—2018 遵义国际山地户外运动挑战赛项目设置统计

时间	主要开展项目
2008	越野跑、山地车、定点穿越、骑跑交替、背背篓越野、登山、踩高跷、划船、速降等
2009	越野跑、山地车、定点穿越、骑跑交替、负重登山、踩高跷、划船、高空速降等
2010	越野跑、定点穿越、山地车、踩高跷、高空速降、轮滑、皮划艇等
2012	越野跑、山地车、袋鼠跳、摆积木、定向越野、溜索、高楼速降、搭索过涧、独竹漂、负重登山等
2013	越野跑、山地车、定点穿越、溜索、高空速降、独竹漂、负重登山、浑水摸鱼、钻木取火等
2014	山地车、越野跑、定点穿越、登山、瀑布下降、山顶夺旗等
2015	越野跑、定点穿越、翻越障碍、高楼速降、提拉重物、攀绳上升、射箭、负重登山等
2016	越野跑、山地车、定点穿越、射箭、速降、翻越障碍
2017	越野跑、定向越野、山地自行车、定点穿越、反曲弓射箭、高空速降
2018	山地车、越野跑、定点穿越、射箭、踩高跷、农技技能、户外技能、高楼溜索和翻越障碍等

第三节　贵州山地户外运动赛事区域联动模式

一、区域联动理论与贵州山地户外运动赛事资源

（一）区域分工合作理论

亚当·斯密提出的比较成本学说理论认为，可以尽可能利用少量的成本来获取尽可能大量的产出。贵州山地特色资源丰富，可以在多个地区开展多项山地户外运动项目，这是贵州山地户外运动赛事举办的优势。但同时许多地区的山地特色资源特征具有高度相似性，这也是制约贵州山地户外运动赛事全面发展的一个因素。从比较成本说理论出发，应促进贵州区域山地户外运动资源的联动，从而减少山地户外运动资源的投入，增加产出。

赫克歇尔、俄林等人提出了要素禀赋理论，该理论认为区域的分工与发展往往是区域要素禀赋造成的[①]。贵州山地特色资源优势明显，一是发育良好的喀斯特地质地貌造就了种类繁多的山地户外运动资源；二是这些资源长期都处在一种原始未开发的状态；三是多彩的民族风情文化与山地特征特色资源的天然融合。根据要素禀赋理论，贵州各区域山地户外运动资源的联动应该突出区域发展优势或特色资源，并与山地旅游、民族风情旅游等体育旅游产业相联系。

克夫维夫提出了供给可能性理论，即自然资源与初级产品区域分工的关系[②]。贵州山地户外运动资源丰富多彩，但区域间的差异也比较大，有的地区山地户外运动资源广泛丰富并便于开发，有的地区山地户外运动资源相对匮乏并且交通不便，开发难度大。从供给可能性理论出发，健康区域联动可以弥补因区域资源分布不均造成的区域差异与区域分工，以此发挥体育资源的健康本位功能。

（二） 点-轴辐射理论

波兰经济学家萨伦巴和马利士提出点-轴辐射开发理论，后来又不断完善丰富。目前点轴辐射开发理论的内容主要包括三个方面：一是将区位条件好的重要干线作为重点发展轴；二是在发展轴内，确定重点发展的中心城市及主要发展方向；三是确定中心城镇和发展轴的等级体系与网络结构[③]。 点-轴辐射理论强调首先发展中心区域，然后逐渐向外辐射，在点-轴系统发展较为完善后，就可以逐步铺开全面发展，最终实现空间一体化，也就是区域空间结构的现代化。

以黔西南州为例，自国际山地旅游大会落户以来，黔西南州的山地户外运动蓬勃开展起来，首先围绕以黔西南州首府兴义市为中心开展户外运动赛事，开展山地自行车、越野跑、徒步、热气球等户外运动赛事，形成点-轴理论中的"点"；继而在安龙开展户外攀岩赛、贞丰开展露营和徒步活动、普安开展山地自行车赛、晴隆开展汽车拉力赛等山地户外运动赛事，这就形成了

① 王由礼. 论经济的区域联动与良性互动[J]. 江海学刊，2003（6）：59-64.
② 张丽军. 体育特色小镇健康区域联动构思与趋向[J]. 哈尔滨体育学院学报，2018（5）：48.
③ 杜文霞. 基于区域联动理论的黄淮四市旅游资源整合研究[D]. 河南大学，2008：16.

点-轴理论中的"轴"。这几个轴分别为兴义—安龙—册亨—望谟轴、兴义—兴仁—贞丰轴、兴义—普安—晴隆轴。这些山地户外运动赛事发展相对成熟后，逐步向全州全面铺展开，形成全域山地户外运动的新格局。

（三）区域空间结构理论

法国经济学家佩鲁提出的增长极理论认为，区域经济的联系，能促进区域产业核心区的发展。联结区域间增长极的要素包括时间要素、空间要素和时空要素[①]。以马拉松赛为例，近年来马拉松赛在我国迅速发展起来，大有全民马拉松之势。截至 2018 年 11 月 2 日，我国 2018 年已举办 800 人以上路跑、300 人以上越野赛共 1 072 场，参加人次 530 万。照此推算，2018 年全国平均每周要举办近 25 场马拉松赛。

贵州久负盛名的马拉松赛事当属六盘水马拉松赛、环雷公山国际马拉松赛和贵阳马拉松赛，历届参赛规模都在万人以上。其中，六盘水马拉松赛和贵阳马拉松赛在 7 月份举办，环雷公山国际马拉松赛在 11 月底举行。这些赛事能够吸引国内外众多选手参加，就是缘于其自身赛事具有的时间和空间特殊性。众所周知，在炎炎 7 月，赛事举办寥寥无几，更不要说对人的体能、意志考验巨大的马拉松赛。而此刻，云贵高原已成为全国著名的避暑胜地，爽爽的贵州正迎接来自全国各地的避暑人潮。贵阳和六盘水相继举办马拉松赛事正好迎合了广大马拉松运动员的锻炼需求，在酷暑难耐的夏日也能找到一处可以跑马拉松的地方，何乐而不为呢？贵阳、六盘水马拉松赛事的举办契合了省内外的时间联动。另外，贵阳马拉松赛和六盘水马拉松赛举办的时间间隔恰好为一个星期，体现了省内的时间联动性。在空间方面，贵阳马拉松赛举办地海拔为 1 200 米，六盘水马拉松赛举办地海拔为 1 800 米，是我国海拔最高的城市马拉松赛。贵阳马拉松赛的举办时间要早于六盘水马拉松赛一个星期，这样能让马拉松运动员在适应了贵阳马拉松赛后，进而去挑战六盘水马拉松赛。这两项赛事在空间上形成了有机的空间联动，充分体现了赛事举办的时空联动性。

---

① 王晓轩，张璞，李文龙．佩鲁的增长极理论与产业区位聚集探析[J]．科技管理研究，2012，32（19）：145-147．

（四）文化与制度联动

社会文化环境是影响产业联动的重要因素之一，区域内不同联动主体间相似的文化背景与价值观更有助于其进行沟通与产业合作[①]。各个地区的文化是在自身所处的地理位置、气候特点、人文历史等因素的影响下，经过世代的酝酿积淀而成的，具有鲜明的地方特色和民族特色。贵州的文化主要体现出典型的山地民族文化特色。贵州省境内有山地、丘陵、盆地、沟谷、洼地，地形复杂多样。全省土地面积中，山地占 87%，丘陵占 10%，平坝仅占 3%，素有"八山一水一分田"的说法。贵州有 17 个世居少数民族，在长期的历史发展中，各民族形成了独具特色的民族文化，而这些文化正成为贵州对外竞争的核心要素，也成为地区发展的"潜力股"。但由于贵州各民族是以"大杂居、小聚居"的形式居住，各个地区间的民族特色文化又有许多相似之处，如果大家一锅端的借民族特色文化来发展山地户外运动赛事，难免会造成资源的浪费。因此，可以通过整合各地区民族文化资源，寻找民族文化的共同点和互补点，降低民族文化服务成本，完善民族文化服务体系，提高民族文化服务效益，加强民族文化互动交融，促进区域内民族文化的共享共建，达到区域内各民族文化共同繁荣发展。

区域制度联动，实际上指的是各地区政府主管部门之间制定相应的联动政策与法规，建立促进政策法规规范落实的服务管理机构，采取相关的联动措施，适应日渐变化的区域发展新形势，从而保证区域联动发展的共同利益。贵州有 3 个民族自治州、11 个民族自治县和 254 个民族自治乡，民族自治地方的面积为 97 795 平方千米，占全省面积的 55.4%。在山地户外运动赛事举办中，各个地区应依照自身民族特色量身打造民族特色山地户外运动赛事，同时也要加强各地区的交流与合作，制定相应的政策法规，促进民族特色山地户外运动赛事融合发展。

二、贵州山地户外竞赛的健康区域联动发展模式

（一）区域渐进梯度联动模式

区域渐进联动模式是建立在区域分工合作理论和文化与制度联动理论基

---

① 刘沐霖 . 产业联动的动力机制分析[J]. 经营管理者，2017（1）.

础之上的。区域渐进联动模式是指各区域之间、各城市之间要通过发挥自身地区优势，互有分工，相互合作，互通有无，优势互补，形成梯度联动区域，进而推动整个区域渐进共同发展。

近两年，兴义市山地户外运动赛事举办的频数较高，有 25 次之多，其次是安顺市和六盘水市均为 11 次，贵阳市、遵义市、铜仁市和黔南州为 9 次，黔东南州为 7 次，毕节市为 5 次。从出现的频次密度上看，各地区举办山地户外运动赛事的地点呈带状和片状分布。其中，黔西南州、安顺市、贵阳市、黔南州、黔东南州和铜仁市形成一条高密度分布带，近 70% 的户外运动赛事都分布在这条高密度带上。按照从西南至东北的顺序，举办赛事数量较多的城市分别是兴义市、安龙县、贞丰县、紫云县、镇宁自治县、安顺市、清镇市、贵阳市、贵定县、都匀市、三都自治县、凯里市、玉屏自治县、万山区和铜仁市。六盘水市和遵义市的赛事举办地点呈现出片状分布。近两年，毕节市举办户外运动赛数量较少，并且这些举办赛事的城市距离六盘水市或遵义市比较近，隶属六盘水片状区和遵义市片状区。

除了兴义—安顺—贵阳—都匀—凯里—铜仁高密度带、六盘水市片状区和遵义片状区，其他地区举办的山地户外运动赛事屈指可数。由于贵州地理位置的特殊性，山地户外运动赛事对外吸引力较小，如果全面铺开去开展山地户外运动赛事，就难以保证赛事的质量和影响力。首先应着重发展兴义—安顺—贵阳—都匀—凯里—铜仁高密度带、六盘水市和遵义市山地户外运动赛事，待这些地区的山地户外运动赛事趋向成熟后，再逐步向其他地区、城市推进，形成渐进梯度联动模式，先成熟的地区城市带动后成熟的地区城市，最终实现贵州全域山地户外运动赛事模式。

兴义—安顺—贵阳—都匀—凯里—铜仁山地户外运动赛事高密度带基本与沪昆高速公路线路吻合，六盘水市片状区处在铁路交通枢纽上，遵义市片状区所处位置有高铁和高速公路。黔西南州西南部、黔南州南部、黔东南州南部、铜仁市北部、遵义市东北部和毕节大部分地区的交通设施还不是非常完善，连接六盘水、毕节、遵义和铜仁的杭瑞高速公路贵州段刚刚通车，效益尚未凸显出来。由此可见，交通设施便捷程度对户外运动赛事的举办影响极大，交通便利的地区山地户外运动赛事举办的次数多、周期长；交通不便的地区很少举办山地户外运动赛事，或基本没有举办过山地户外运动赛事。因此，要完善贵州交通网状设施，不断增强区域间交流合作，有序推进山地户外运动赛事在贵州全域发展。

（二）区域点-轴辐射联动模式

山地户外运动赛事的举办往往是从一个城市开始，逐渐带动其他城市，或者是从一个山地户外运动项目开始，逐渐扩充至多个山地户外运动项目。贵州省最早举办的山地户外运动赛事要追溯到 1997 年在黔西南州兴义市马岭河峡谷举办的首届中国国际皮划艇漂流赛，掀开了贵州山地户外运动赛事的序幕。之后 2000 年 1 月，安顺市黄果树景区举办了全国首届新闻记者 72 小时野外生存与网络挑战赛，自 2005 年，六盘水市开始举办全国汽车拉力赛分站赛，紫云举办了格凸河山地极限挑战赛，还有 2007 年兴义市万峰湖举办的全国野钓大赛、2008 年遵义举办的国际山地户外运动挑战赛等。这些赛事中的绝大部分一直延续至今，并形成了全国著名的山地户外运动赛事，影响力很大。这些率先举办山地户外运动赛事的城市或地区在多年的赛事举办中积累了宝贵而丰富的经验，能为周边城市和地区举办山地户外运动赛事提供借鉴。以黔西南州为例，最初的山地户外运动赛事是在黔西南州首府兴义市举办的，之后在晴隆二十四道拐举办了汽车拉力赛，在安龙举办了户外攀岩赛，在贞丰举办了露营大会，在普安举办了山地自行车赛。这些举办城市就是点-轴辐射联动理论中的"点"，在点点联动的基础上，将点连成轴，实施点-轴联动。通过共享赛事经验、资源、设施、人力资源等，黔西南州山地户外运动赛事优势充分发挥出来，以点带轴，以轴促面，逐步实施全州各县市联动，有助于形成黔西南州全域山地户外运动的新局面。

山地户外运动赛事的某些项目也具有点-轴辐射联动的效果，以山地越野跑和马拉松为例，贵州近两年在贵阳、六盘水、兴义、安顺、凯里、铜仁、赤水、习水、赫章、从江、贵定等城市或地区开展过马拉松或越野跑赛事。这两项赛事对场地器材等设施要求不高，参与人群跑步的距离可以自我控制，完全有条件在许多城市和地区开展。可以借助这些已经成熟的山地户外运动赛事，在周围其他城市或地区举办类似赛事，形成一点多轴放射型向外辐射。

另外，还可以通过一轴多点的联动模式将赛事逐步向外辐射，如 2018 "多彩贵州"自行车联赛共设 5 站，分别在福泉、凯雷、安顺经开区、赤水、玉屏举办。该赛事是目前我国唯一具有山地车赛、公路车赛性质的赛事，采用国内积分和省内积分相结合的规划，是具有全国引领性的自行车标杆赛事。2018 "多彩贵州"自行车联赛自 3 月 31 日在福泉揭幕至 11 月 10 日在玉屏收官，历时 7 个多月，以联赛形式打造了强大的贵州体育品牌，也让贵州体育大省的形象深入人心。福泉、凯雷、安顺经开区、赤水和玉屏五个城市就相当于一个个"珠子"，通过时间这根"轴"将这5个"珠子"串在一起，这就是一轴多点的联动模式。我们不妨设想，能否在保证运动员体能的情况下，再增设几座城市加入贵州自行车联赛中，就如同在一根"轴"上不断增加"珠子"，最终形成一串漂亮的项链。如果有更多的城市加入贵州自行车联赛中，到合适的时候，就可以效仿环法自行车赛、环青海湖自行车赛，打造"环黔"自行车赛，势必会扩大山地自行车赛事规模，扩大赛事的对外影响力。

（三）区域空间联动模式

贵州山地户外运动资源丰富，各个地州市都具备举办优质户外运动赛事的条件。如果各个地州市或县乡镇同时举办相同性质的户外运动赛事，或在同一时间段内举办性质不同的赛事，都有可能造成运动员和观众分流，以致影响山地户外运动赛事的规模及对外影响力。因此，贵州省内各地州市或县乡镇须建立空间联动模式，形成全省一盘棋，从而保证全省山地户外运动赛事的系统性与协调性。贵州山地户外运动赛事的区域联动模式可以从政策联动和时间联动两方面建立。

首先，省内各个地区应评估本地区的山地资源优势及可能开展的山地户外运动项目，然后呈报给上一级主管单位，最后由相应主管部门形成相关政策文件，重点扶持相应地区有针对性地开展山地户外运动项目，合理安排项目级别，从而避免重复开展山地户外运动赛事。例如目前省内各地风风火火开展的户外越野跑（包括马拉松赛）赛事，大有全民一起跑的趋势，但如果每个县市都开展类似的户外越野跑运动，就显得有些凌乱，并且也难以打造高级别的精品赛事。各地州市或县乡镇应该建立互通有无的联动模式，可以先从县级市地区开展小规模、低级别的户外越野跑，为在规定时间内完成比赛的省内运动员发放通行证，就可以参加下一项在地州市地区开展的高一级别的户外越野跑，再为在规定时间内完成该级别比赛的省内运动员发放相应的通行证，就可以参加省内组织的或更高级别的户外越野跑赛事。这样就建立起了一套完善的越野跑联赛升降级机制，不仅有助于打造高级别大规模越野跑赛事，也能保证运动员的健康状况，避免一些意外事故的发生。

其次，也应该宏观把握山地户外运动赛事举办的时间，避免在同一个时间段举办多项山地户外运动赛事。同一个地区在同一个时间段举办多项山地户外运动赛事，只会在表面起到轰动效应，很难保障参赛规模和赛事质量；不同地区在同一时间段举办相同性质的山地户外运动赛事，容易使运动员顾此失彼，必须在两项赛事间选择一项，造成运动员被动分流，也会影响赛事的打造。以 2017 年贵州系列山地自行车赛为例，2017 年贵州省内共举办了 9 项高级别的自行车赛，其中"多彩贵州"自行车联赛 5 项。这 9 项自行车赛举办的时间顺序分别为遵义、福泉、湄潭、安顺、凯里、兴义、赤水、玉屏和铜仁，将这 9 个城市依次连线就形成了举办地区由内到外开展的趋势，在空间上又恰恰形成了环环相扣的网状结构。这一"巧合"正好是贵州自行车赛时间联动和空间联动的有机结合。

（四）区域产业联动模式

影响区域产业联动方式与联动效果的首要因子是产业间的关联性与互补性[①]。山地户外运动赛事是贵州体育产业的重要组成部分，山地户外运动赛事产业的发展不仅能够推动其他相关体育产业的发展，而且与山地旅游、民族文化、交通运输、餐饮住宿等产业之间具有很强的关联性和互补性。山地户外运动赛事与这几大产业之间结构的合理比例关系，能够促进区域内产业间的供需合作，促进区域内产业的协调发展。不同的产业间可以发挥互补优势（见图 5-4），通过产业联动发展来发挥产业的带动作用，从而提升地区综合实力和竞争力，促进区域内产业共同发展。

山地户外运动赛事的举办是建立在当地便捷的交通运输和优质的餐饮住宿服务的基础之上的。近年来，航空运输业和高铁的快速发展大大缩短了区域间的物理距离，以前十几个小时的路程已经被缩减到只有几个小时的路程，区域间的交流与合作也更加频繁。要想打造出国内外出名的山地户外运动赛事，必须吸引更多的省外优秀运动员参与，才能不断扩大对外影响力和知名度。如果路途过于遥远，舟车过于劳顿，势必会影响运动员的心情和竞技状态，久而久之，就会有许多外地运动员不愿来参加赛事，随之降低赛事影响力。山地户外运动赛事可以与当地的交通运输和餐饮住宿产业建立有机的联动机制，在赛事举办期间可以适当增加航班和高铁数量，提供舒适的餐饮住宿条件，不断提高运动员和观众的满意度，从而吸引更多的运动员和观众前来参赛消费。山地户外运动赛事规模的不断扩大，带动了当地交通运输

---

① 聂琳琳. 区域联动下的乡村规划发展研究[D]. 青岛理工大学，2017：30.

及餐饮住宿等产业的发展，交通运输及餐饮住宿服务产业的发展也为山地户外运动赛事的举办提供了前提。

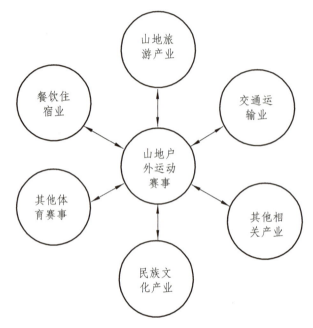

图 5-4　山地户外运动赛事与相关产业的联动

　　山地户外运动赛事的举办地一般在山地旅游景区或者在景区附近，有时山地户外运动赛事就是景区为扩大对外影响力而举办的。那么，山地户外运动赛事与山地旅游产业的关系就显得非常紧密，往往是"你中有我，我中有你"，两者之间形成优势互补。区域产业联动的本质是区域内产业之间的资源交换与共享活动，只有建立有效的联动机制规范，才能实现区域内关联产业资源间的优质交换，完善的协调机制是解决区域内不同联动主体间发展不协调的主要出路，是区域产业良性循环发展的有力保障①。山地旅游景区要利用其天然丰富的地质资源为山地户外运动赛事打造平台，完善景区内配套设施，优化产业联动宏观环境，保障山地户外运动赛事的顺利举办。山地户外运动赛事也应借助著名山地旅游景区的知名度为赛事造势，吸引更多外地运动员和游客前来旅游参赛。

　　山地户外运动赛事还可以与省内其他地区相关赛事活动形成产业联动机

　　① 罗捷茹. 产业联动的跨区域协调机制研究[D]. 兰州大学，2014.

制。山地体育赛事与其他体育赛事的联动通过时间、空间、政策等方面的联动而形成一个有机整体。山地户外运动赛事与其他体育赛事之间既有分工与合作的关系，也存在博弈与竞争的关系，地区之间亦是如此，谁能真正发挥出区域资源优势，建立科学合理的赛事机制，谁才能在竞争中拔得头筹，赢得先机。

地质资源是山地户外运动赛事的躯体，文化特色则是山地户外运动赛事的灵魂。只有将文化之魂附着在地质资源躯体上，才能彰显出山地户外运动赛事的内涵，续以长久生命力。山地户外运动赛事要借助贵州民族特色文化产业来充实自我，丰富赛事内涵；贵州民族特色文化产业也要借助山地户外运动赛事和山地旅游，不断创新传承方式，以此彰显贵州各民族、各地区的价值理念和精神。

山地户外运动赛事无论与何种产业建立联动模式，都必须以交通设施的建设为核心任务，以完善餐饮住宿服务为支撑，这样才能建立起协调、优美的宏观环境。在这种宏观环境下的各个地区才能协调产业资源配置，加强区域分工与合作，促使产业间互通有无，实现产业联动发展。

三、贵州民族特色山地户外运动赛事区域联动案例

2018 年 10 月，在贵州黔西南州兴义市举办了国际山地旅游暨户外运动大会。从 2015 年开始，黔西南州兴义市已连续四届举办该赛事。此次大会由文化和旅游部、国家体育总局、贵州省人民政府主办，以"天人合一·高品质生活"为主题，融合体育、旅游、文化等多重元素，旨在打造具有国际影响力的山地体育旅游目的地，推动旅游文化体育融合发展。贵州国际山地旅游暨户外运动大会已经成为世界认识贵州、了解贵州的重要窗口，成为展示贵州山地体育旅游发展成就、推动体育旅游扶贫的重要平台。

（一）2018 国际山地旅游暨户外运动大会活动项目

此次大会活动赛事丰富，举办了主体活动、配套活动、国际山地户外运动赛事活动和系列活动等各类活动共 68 项，其中主体活动 5 项（见表 5-10），配套活动 9 项（见表 5-11），国际山地户外运动赛事活动 10 项（见表 5-12），全省联动赛事活动 8 项（见表 5-13），系列活动 36 项（见表 5-14），赛事从 2018 年 4 月持续到 12 月，实现了一地办会、全省联动、贯穿全年的目标。

表 5-10　2018 国际山地旅游暨户外运动大会主题活动统计

序号	日 期	地点	主体活动
1	2018-10-14	兴义市万峰林街道双生村	山地乡愁集市体验
2	2018-10-14	兴义市万峰林街道双生村	首届多彩贵州民族服饰设计大赛颁奖仪式
3	2018-10-15	兴义市万峰林国际会议中心	聚焦脱贫攻坚 助力乡村振兴——第六届"中国美丽乡村·万峰林峰会"
4	2018-10-15	兴义市富康国际会展中心	文化旅游体育产业融合发展峰会
5	2018-10-15	兴义市富康国际会展中心	统一战线参与黔西南试验区脱贫攻坚座谈会

表 5-11　2018 国际山地旅游暨户外运动大会配套活动统计

序号	日 期	地点	配套活动
1	2018-10	兴义市桔山广场州民族文化中心	"激情山水润丹青"——全国书画名家作品
2	2018-10-11	兴义市桔山广场州博	"夜郎的疑问"考古成果展
3	2018-10-14	兴义市、晴隆县、义	山地文化旅游精品线路体验活动
4	2018-10-14	义龙新区鲁屯镇	中国意大利山地地学旅游和三叠纪化石暨山地文化交流展示会
5	2018-10-15	兴义市	国际山地旅游商品设计大赛
6	2018-10-15	富康国际会展中心	贵州山地旅游产业发展与市场拓展座谈会
7	2018-10-16	义龙新区鲁屯镇	黔西南州地域建筑民居营造现场体验
8	2018-10-16	兴义市富康国际会展	旅游产业合作洽谈会
9	2018-10	兴义市万峰林国际会	"多彩贵州"国际摄影大赛

表 5-12　2018 国际山地旅游暨户外运动大会黔西南州赛事活动统计

序号	日 期	地点	黔西南州赛事活动
1	2018-05-09	义龙新区	"全景贵州"女子国际公路自行车赛
2	2018-09-27	晴隆县二十四道拐、史迪威小镇	晴隆"二十四道拐"中国汽车拉力赛暨汽车场地越野锦标赛

续表

序号	日期	地点	黔西南州赛事活动
3	2018-09-27	安龙笃山国家山地户外运动	2018年第26届全国攀岩锦标赛
4	2018-09-30	贞丰县三岔河生态体育公园	贞丰三岔河国际露营大会
5	2018-10-14	兴义市万峰林	中国热气球表演赛暨飞行体验活动
6	2018-10-23	普安县江西坡镇	2018普安国际山地自行车邀请赛
7	2018-10-23	兴义市万峰林街道	兴义万峰林国际徒步大会
8	2018-11-2	兴仁县放马坪高山草原风景区	全国第二届"放马坪杯"露营风筝大赛
9	2018-11-11	兴义市下五屯、万峰林、七舍	中国·兴义白龙山国际山地越野跑公开赛
10	2018-12	义龙新区	2018年"海峡杯"女子垒球赛

表 5-13　2018 国际山地旅游暨户外运动大会全省联动赛事统计

序号	日期	地点	全省联动赛事
1	2018-07	贵阳市	2018年贵阳国际马拉松赛
2	2018-07	黔东南州凯里市、雷山县	2018"多彩贵州"自行车联赛
3	2018-07	六盘水市	2018六盘水国际马拉松赛
4	2018-08	安顺市紫云县	中国攀岩联赛贵州·安顺紫云
5	2018-09	遵义市	2018年遵义海龙囤·娄山关国际山地户外挑战赛
6	2018-09	毕节市金沙县	2018年亚洲山地竞速赛
7	2018-10	铜仁市梵净山景区	环梵净山国际公路自行车赛
8	2018-10	黔南州瓮安县	国际山地户外运动挑战赛

表 5-14　2018 国际山地旅游暨户外运动大会黔西南州系列活动统计

序号	日期	地点	黔西南州系列活动
1	4月14日	册亨县冗渡镇大寨村	册亨分会场"八古陂鼐·风情冗渡"活动
2	4月15—18日	望谟县城及周边村寨	中国望谟"三月三"布依文化节

续表

序号	日期	地点	黔西南州系列活动
3	5月26日	望谟县新屯街道弄林村	2018年新屯街道弄林杨梅节
4	6—11月	贞丰县双乳峰景区	2018中国（贵州）首届山歌民谣大赛
5	7月18日	贞丰古城、三岔河露营基地	"六月六"布依族风情节
6	8月8日	兴仁县马金河景区	"8月8"全民健身活动（马金河万人徒步活动）
7	8月28—30日	安龙县笃山国家山地公园	2018年"翱翔贵州-国际滑翔伞邀请赛"
8	9月15日	兴仁县会展中心	第二届中国（兴仁）薏仁米博览会
9	9月17日	兴仁县鲤鱼坝景区	"八月八"苗族风情节
10	9月17—20日	安龙县教育园区	贵州省"体育彩票杯"第十四届健身气功交流比赛
11	9月22—24日	望谟县平洞街道洛郎村	2018年中国贵州望谟县首届板栗文化节
12	9月28日	晴隆县阿妹戚托小镇	晴隆县第八届彝族火把节
13	9月28—30日	兴义市南盘江镇	中国万峰湖第十二届野钓大奖赛
14	10月1—2日	兴仁县放马坪高山草原景区	放马坪高山草原音乐节
15	10月1—3日	义龙新区顶效镇楼纳村	山地越野跑
16	10月1—3日	义龙新区顶效镇楼纳村	乡村音乐节
17	10月1—3日	义龙新区鲁屯古镇	鲁屯古镇·大明边屯之"梦回边屯、穿越古镇"活动
18	10月1—7日	贞丰古城	贞丰分会场美食展
19	10月2日	兴仁县放马坪高山草原景区	放马坪高山草原滑草大赛
20	10月5—7日	望谟县桑郎镇桑郎村	2018年"桑郎浪哨"布依情人节
21	10月	兴义市桔山广场	兴义羊肉粉节
22	10月	兴义市	第二届国际山地美食节
23	10月12—15日	望谟县城、王洞街道、新屯街道母街道、平	首届中医药（菊花）文化节暨产业商贸洽谈会（镇）
24	10月中下旬	望谟县蔗香镇或昂武镇	望谟县第六届红水河野钓大赛

续表

序号	日期	地点	黔西南州系列活动
25	10月14—16日	兴义市	"创燃黔西南·画卷喀斯特"国际山地旅游商品设计大赛
26	10月20日	兴仁县城北街道办事处	第二届兴仁牛肉粉节
27	10月21日	兴义市	2018国际山地旅游与户外运动发展论坛
28	10月20—22日	安龙县教育园区	2018安龙武术传统套路比赛
29	10月22日	普安县江西坡茶源文化广场	"普安红"瑜伽大赛
30	10月22日	普安县江西坡镇	千人茶艺展示
31	10月22日	普安县东城区	第四届黔西南州旅游发展大会
32	10月23日	普安县江西坡镇	新时代红茶论坛峰会
33	10月26—28日	册亨县岩架镇布依风情园	南北盘江流域野钓大赛·册亨站
34	10—11月	普安县东城区	黔西南州旅游商品展销和特色产品展销活动
35	11月15—17日	册亨县纳福布依广场	2018中国册亨·布依文化年活动
36	11月	贞丰古城	贞丰国际马拉松赛

（二）2018国际山地旅游暨户外运动大会活动的特点

1. 项目形式多样

2018年国际山地旅游暨户外运动大会期间举办了多项山地户外运动竞赛项目，在黔西南州先后举办了"全景贵州"女子国际公路自行车赛、晴隆"二十四道拐"中国汽车拉力赛暨汽车场地赛、2018年第26届全国攀岩锦标赛（安龙站）、贞丰三岔河国际露营大会、中国热气球表演赛、2018普安国际山地自行车邀请赛、兴义万峰林国际徒步大会、"放马坪杯"露营风筝大赛、兴义白龙山国际山地越野跑公开赛和"海峡杯"女子垒球赛等重大赛事，赛事项目涉及公路自行车、汽车拉力、攀岩、露营、热气球、山地自行车、徒步、风筝、越野跑等山地户外运动，赛事从5月持续到12月，长达半年之久。为迎接在兴义市举办的2018年国际山地旅游暨户外运动大会，黔西南州各县市自2018年4月开始至11月相继举办36项系列活动，其中涉及的山地户外运动项目有徒步、滑翔伞、野钓、越野跑、滑草、马拉松赛等，全省各地州也相继举办了马拉松赛、山地自行车、攀岩、山地户外运动挑战赛等重大赛事。这些形式多样的山地户外运动赛事的举办，丰富了贵州山地户外运动赛事体系，有力地推动了贵州山地户外运动的蓬勃开展，已经逐步形成全域山地运动之势。这些山地户外运动赛事的举办也吸引了大量的外地运动员、游客涌入贵州，大大提高了贵州对外知名度，带动了当地旅游、餐饮、住宿等产业的蓬勃发展。

2. 民族特色显著

2018 年国际山地旅游暨户外运动大会不仅是一场促进旅游与体育融合的盛会，更是将具有浓郁地方民族特色的民族文化融入其中，使文化、体育、旅游相互融合渗透，形成相关产业圆融发展之势。在大会期间举办的首届多彩贵州民族服饰设计大赛颁奖仪式和黔西南州地域建筑民居营造现场体验会，将多彩的民族服饰和典型的民族建筑呈现在外宾面前，也将具有地方特色的民间集市活态展现给各方游客。在黔西南州举办的系列活动中，民族特色文化元素随处可见。如 2018 年 4 月在黔西南州册亨县冗渡镇陂鼐古寨和大寨村举办的"八古陂鼐·风情冗渡"布依民俗文化活动，将特色的民俗展演、民族文艺竞演呈现给嘉宾和游客，让他们享受了一场丰富多彩的文化大餐。古朴的布依族婚俗、漂亮的民俗服饰、惊险的布依族闯关游戏、色香味俱全的布依族美食美酒，独特的布依族转场舞、八音坐唱、郎哨等原生态地展现给观众，让游客尽享"行走生态之旅、感受田园之美、享受布依之风、体验宜居之地"的山地旅游魅力和浓郁布依民族风情。另外，还与当地民俗节庆，如"三月三"布依文化节、"六月六"布依风情节、"八月八"苗族风情节、彝族火把节、"桑郎郎哨"布依情人节等紧密结合，在民俗节庆举办大型民俗展演和互动活动，将多彩的民族文化通过多种形式展现给观众。

3. 区域联动效果明显

2018 国际山地旅游暨户外运动大会举办了主体活动、配套活动、国际山地户外运动赛事活动和系列活动等各类活动共计 68 项，活动从 2018 年 4 月持续到 12 月，体现了一地办会、全省联动、贯穿全年的特点。2018 国际山地旅游暨户外运动大会不仅是黔西南州的盛会，更是贵州全省的盛会，在山地户外运动赛事的举办上实现了区域空间分工与合作，各地州之间相互协调，各有分工，既实现了资源上的共享，也彰显出各地的地域特色，有力地推动了全省山地户外运动"一盘棋"的发展模式。各地山地户外运动赛事在时间和空间上也相互联动，7月14日在凯里市、雷山县举办的"多彩贵州"自行车联赛，7月22日在贵阳举办的贵阳国际马拉松赛，7月29日在六盘水市举办的六盘水国际马拉松赛，8月31日在安顺紫云举办的中国攀岩联赛（紫云站）、9月在毕节金沙县举办的亚洲山地竞速赛、10月17日在黔南州瓮安先举办的国际山地户外运动挑战赛，10月27日在遵义举办的2018年遵义海龙囤·娄山关国际山地户外挑战赛等一系列山地户外运动赛事，在时间轴上的安排显得有序而又紧凑，在空间分布上也可以看出全省各地州市均开展了山地户外运动赛事。贵州各地州市之间的区域联动，避免了贵州山地户外运动赛事在同一时间扎堆举办而造成的资源冲突和浪费，各地之间也能根据自身地理人文特点开展相应的山地户外运动赛事，避免了山地户外运动赛事项目的单一性。时间和空间上的联动大大提高了贵州山地户外运动赛事的质量，丰富了赛事项目数量，完善了赛事体系，有力推动了贵州山地户外运动赛事科学、有序开展。

第六章　贵州山地户外运动赛事的组织与管理

第一节　贵州山地户外运动赛事的过程管理

一、竞赛前管理

（一）组建竞赛委员会

竞赛委员会是整个竞赛组织管理工作的最高指挥机构，是赛事竞赛任务的承担者和完成者。不同类型或性质的体育赛事，竞赛委员会的管理机构也不尽相同，但最终目的都是通过协调人力、物力、财力等资源，保障赛事的顺利进行。组委会下属部门相互独立又相互配合，各司其职，有明确的分工与合作要求，相互协调配合。以遵义国际山地户外运动挑战赛为例，2016 年遵义国际山地户外运动挑战赛组委会下设办公室、竞赛组、宣传组、后勤保障组、安全保障组、会务接待组和财务组七个部门。其中，办公室负责赛事日常事务，制订运动竞赛计划，并协调其他部门工作；竞赛组由裁判组、仲裁委员会和安全监督组构成，裁判组主要负责设计竞赛内容及形式、制定竞赛规则、布置竞赛场地、监控赛事顺利进行，仲裁委员会主要监督赛事公平性，解决赛事中出现的争端，安全监督组主要负责赛事安全工作；宣传组主要负责赛事宣传推广，与媒体、商业赞助单位洽谈等；后勤保障组主要负责赛事期间各种物质资源的供应，包括器材设施、食品、服装、证件等的配送，确保赛事顺利进行；安全保障组主要组织安全保卫工作，由警察和医生组成，负责排除竞赛场地安全隐患，设置路障，提供医疗安全保障等；会务接待组主要负责参赛运动员、教练员的接待、餐饮、住宿、出行等事务，志愿者的招募、培训等工作；财务组负责赛事经费的筹措、经费预算、经费开支等工作。

遵义国际山地户外运动挑战赛已举办十届，已成为全国四大国际户外运动挑战赛品牌赛事之一，是贵州省山地户外运动唯一的国家 A 级赛事，也是贵州省历史最悠久的户外运动赛事。遵义国际山地户外运动挑战赛的成功举办，积累了丰富的山地户外运动赛事经验，尤其是组委会下属各职能部门（见图 6-1）的设置及相互合作关系，大大提高了赛事运转效率，为赛事的顺利推进立下了汗马功劳，为贵州其他地区举办类似赛事提供了借鉴和参考。

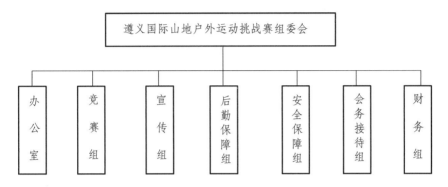

图 6-1　遵义国际山地户外运动挑战赛组委会设置示意图

（二）制定运动竞赛规程

运动竞赛规程是组织实施某一项（届）运动竞赛的主要政策与规定，对该项竞赛活动的组织管理具有高度的权威性和指导性，是竞赛组织者和参加者都必须要遵循的法规[1]。一般而言，竞赛规程由主管竞赛的部门制定。一项完善的山地户外运动竞赛规程一般由竞赛名称、主办单位、承办单位、竞赛时间及地点、竞赛队伍设置、竞赛项目设置、参赛要求、竞赛规则、成绩判定与名次录取、比赛装备、报名注意事项、有关经费、抗议及申诉等内容构成（见表 6-1）。

表 6-1　2018 中国贵州遵义·娄山关海龙囤国际山地户外运动挑战赛规程

一、主办单位
中国登山协会、贵州省体育局、遵义市人民政府。
二、承办单位
汇川区人民政府、贵州省登山协会、遵义市体育局。

---

① 张瑞林，秦椿林．体育管理学（第一版）[M]．高等教育出版社，2011，12：236．

三、时间及地点 比赛时间：2018 年 10 月 27 日—28 日。 报到日期：2018 年 10 月 25 日—26 日。 比赛地点：贵州省遵义市汇川区。
四、竞赛队伍设置 队伍由 3 名运动员组成（需有 1 名异性），3 名运动员需同时完成赛道设置的所有比赛项目。
五、竞赛项目设置（如有变动另行通知） 竞赛项目有：越野跑、山地自行车、定点穿越、溜索、障碍翻越、户外技能等。 第一天里程：赛道里程为 78 千米； 第二天里程：赛道里程为 68 千米。
六、参赛要求 1. 比赛以队伍的形式进行，每队由 3 名参赛队员（其中 1 名为异性）组成； 2. 参赛队员在比赛期间年龄必须在 18 周岁至 55 周岁之间（以护照、身份证上的年龄段在 1963 年 1 月 1 日至 2000 年 12 月 31 日为标准）； 3. 报到时必须出具 6 个月以内，二级甲等资格以上医院的健康证明，证明参赛队员身体健康，无高血压、心脏病史及妨碍剧烈运动的其他疾病，包含胸透报告、心电图、血压； 4. 参赛运动员需提供由中国登山协会主办比赛的完赛证书或由地方体育行政部门主办的路跑比赛的完赛证明（含全程或半程马拉松）； 5. 参赛队员必须掌握各比赛项目技术； 6. 被国际或国内任何单位组织停赛的运动员没有资格参赛；
七、竞赛规则 本赛事规则参照《中国登山协会探险越野赛竞赛规则》制定各项目实施细则。
八、成绩判定与名次录取 1. 每天比赛都设立关门时间，超出关门时间的成绩无效。 2. 最终名次按累积所有赛段成绩和加惩罚时间得出，用时短的队伍为胜。 3. 总奖金 8 万美元。团体总成绩录取前 24 名，颁发完赛奖牌和奖金；不足 24 名，按实际完成比赛的情况递减 1 名录取。 名次总奖金为 78 000 美元。

续表

第一名	第二名	第三名	第四名	第五名	第六名	第七名	第八名
16 800	12 800	7 800	4 800	4 300	3 800	3 200	2 800
第九名	第十名	第十一名	第十二名	第十三名	第十四名	第十五名	第十六名
2 200	2 000	1 900	1 800	1 700	1 600	1 500	1 500
第十七名	第十八名	第十九名	第二十名	第二十一名	第二十二名	第二十三名	第二十四名
1 500	1 500	1 000	1 000	1 000	500	500	500

（单位：美元）

当日比赛前三名奖金为 1 000 美元/天，总计 2 000 美元。

第一名	第二名	第三名
500	300	200

九、比赛装备

1. 赛会提供装备：地图、运动员手册、号码衣、计时指卡。

2. 运动员装备（运动员自备/每人）：

山地自行车×1/人；安全头盔 UIAA/CE 认证×1/人；指北针×1/人；水袋/水瓶（不低于 1 升）×1/人；安全带 UIAA/CE 认证（坐式安全带）×1/人；安全主锁 UIAA/CE 认证（丝扣）×3/人；下降器 UIAA/CE 认证（8 字下降器禁用）×1/人；扁带套 UIAA/CE 认证 60 cm×1/人；扁带套 UIAA/CE 认证 120 cm×1/人；越野跑跑步装备；自行车修理工具套件；下降手套，要求全指，掌中皮制；救生哨。

3. 建议装备（运动队自备/每队）：

背包（能够容纳所有下降装备、越野跑装备和水袋）防晒霜、太阳镜、每名运动员在比赛过程中携带 1~2 L 水、能量食品。

4. 比赛期间每名运动员必须要携带的装备：救生哨、头灯、计时卡、号码衣。

5. 比赛期间每支队伍必须要携带的装备：跟踪器。

十、报名及报到

参赛运动员，按要求填写报名表，并于 2018 年 10 月 10 日前提交电子版和传真。拟参赛队伍 25~30 支，由赛事组委会根据报名顺序和运动员所提交的资料最终确定参赛队伍名单。

联系人：　　　　　　电话：

传真：　　　　　　　电子邮箱：

参赛队伍自行前往酒店报到，报到地点另行通知。

续表

十一、赛事组织服务费
1. 本次比赛组织服务费。
国内队伍 1 000 元人民币/队；国外队伍 1 000 美元/队（10 月 6 日前确定并交费，按半价收取）；
2. 比赛期间食宿由大会负责（报到日晚餐起至 10 月 29 日早餐止）。
十二、抗议与申诉
凡对竞赛成绩、裁判员执裁、运动员参赛资格有异议并提出申诉者，需向组委会仲裁委员会提交书面申诉报告及 500 元人民币申诉费方可受理。如果胜诉，500 元人民币全额退回。
<div align="right">中国登山协会 2018 年 9 月 29 日</div>

资料来源：中国登山协会网站。

制定山地户外运动竞赛规程是一项严肃认真而又谨慎细心的工作。在制定山地户外运动竞赛规程时要注意以下几个方面：① 山地户外运动竞赛规程要符合国家颁布的相应方针、政策和法规，与国际、国内相关体育竞赛制度、计划和有关规定协调配套；② 山地户外运动竞赛规程的制定一定要符合国家、地区的实际情况和体育项目的特点，既要反映国际、国内山地户外运动竞赛发展的水平和趋势，又要符合地区的地域特色，因地制宜地开展；③ 山地户外运动竞赛规程的制定时间应根据实际情况而定，一般要提前半年至一年，比赛的级别和规模越大，其竞赛的规程越要提前制定，以便参赛单位和运动员有充足的时间做准备；④ 山地户外运动竞赛不同于常规体育竞赛，风险性较高，应在规程中对运动员的身心状态和运动装备做出严格的限定。

（三）运动员招募、报到及食宿安排

山地户外运动竞赛运动员的招募一般通过参赛单位或个人填写报名表后报送相关主管部门即可。有的部门想通过举办山地户外运动竞赛来提升本地区的知名度及扩大对外影响力，就会邀请一些国内外知名运动员参加，需事先征求运动员的同意才能对外宣传。如果是级别较高的赛事，就要对运动员报名资格严格把控，并设置报名门槛，以防参赛队员过多给举办方、竞赛场地等方面造成巨大压力，不能过度追求竞赛规模而降低竞赛质量。运动员填写报名表时还必须附带有风险告知书（见表 6-2）。山地户外运动相对于常规

体育赛事，竞赛环境的差异性使运动风险显著增强，因此有必要向运动员告知山地户外运动赛事的风险，让运动员提前做好相关预防工作。

表 6-2　2018 年中国贵州遵义·娄山关海龙囤国际山地户外运动挑战赛竞赛风险告知书

---

1. 您必须是自愿报名参加 2018 年中国贵州遵义·娄山关海龙囤国际山地户外运动挑战赛及相关活动（以下统称活动）。

2. 您必须全面理解并同意遵守组委会所制定的各项竞赛规程、规则、要求及采取的其他安全措施。

3. 活动具有一定的风险性，您需全面了解比赛可能出现的风险，且已准备必要的防范措施，并对自己的安全负责。

4. 比赛过程中您装备选择不当或使用错误也会引起意外的发生。

5. 您在解读活动相关资料时请认真仔细阅读，在比赛开始后因误解资料所表达的真实意思，活动方将不负责其后果。

6. 您应当同意接受承办单位在比赛期间提供的现场急救性质的医务治疗，但在医院救治等发生的保险规定外的相关费用由本人自理。

7. 您应授权承办单位及指定媒体无偿使用您本人的肖像、姓名、声音和其他个人资料用于比赛的组织和推广。

8. 您向承办单位提供有效的身份证件和资料真实有效，并承担因身份证件和资料不实所产生的全部责任。

9. 您自行办理人身意外综合险（活动期间）。

10. 活动期间，您携带合适的装备、食品、饮水，并严格要求自己维护当地生态环境。

11. 本次赛事集结前后，个人自行安排交通。参加本次活动路途中发生的任何问题，您应当自行负责，自行解决。

12. 您作为完全民事行为能力人，对上述问题已明知并且经过充分考虑，对自身的身体状况、登山户外运动能力进行了审慎评估，本人决定参加本次活动。

13. 您已认真阅读并全面理解以上内容，且对上述所有内容予以确认并承担相应的法律责任。

参赛人员签名：

日期：

一般情况下，各代表队会自行搭乘交通工具，按照竞赛规程规定的时间到赛区报到和注册。报到时，赛事举办方会给各代表队发放赛事相关资料，

有的还会发放当地旅游攻略，里面有交通、旅游、饮食等方面的介绍。赛事期间，运动员的饮食一般都由住宿的酒店安排，以自助餐和桌餐结合的方式向各代表队供应。如果有国外运动员，就必须考虑照顾这些运动员的饮食习惯，尽量提供他们喜欢或能够接受的食物，保证他们有充足的体力进行比赛。另外，由于贵州是一个典型的民族大省，赛事往往是在一些民族地区开展，建议举办方能将地方民族特色的饮食以多种方式呈现给运动员及观众。

（四）召开赛前技术会议

赛前技术会议包括运动员、教练员及领队集中在一起的技术会议和裁判员技术会议。赛前技术会议是比赛前准备中最重要的工作之一，要向运动员、教练员及领队介绍本次比赛赛道的特点和难点，如比赛时赛道的节奏该如何掌控，赛道中补给点的安置及每个补给点都有哪些补给，在竞赛中如何遵守赛道规则等信息。裁判的公平公正执法能保证赛事的顺利进行，保障赛事的真实性和专业性。由于大型户外运动竞赛的裁判员来自多个地区，相互之间还不熟悉，对赛事信息也不熟悉，各个裁判员判罚尺度不一，因此有必要召开裁判员赛前技术会议。在会议中，要着重强调此次比赛的规则规范，裁判员的行为职责，赛事把控尺度，以及裁判员衣着、语言、行为等方面的要求，让裁判员在比赛中认真执裁，专业评判，树立良好的赛场形象，有助于打造正规的高水平山地体育赛事。

（五）场地设施布置

山地户外运动赛事的场地不同于其他常规体育赛事的场地。山地户外运动赛事是在户外开放型场地进行，依照户外山地、河流、洞穴、历史名景、特色民俗建筑等设置比赛路线，有的竞赛项目还要求每年的竞赛路线不能重复，这就对山地户外运动赛事路线的设计提出了很高的要求。实际上，有的山地户外运动项目，如户外运动挑战赛的线路设计通常在上一年比赛结束后就已经开始了，定线员要查看卫星地图并多次实地勘探考察，结合当地人文特色景观，反复测量设计，最终确定比赛线路及竞赛项目。在比赛前还要对赛道进行多次勘察，规避安全隐患，安放路线标识，放置运动补给等，确保山地户外运动顺利进行。

二、竞赛过程管理

（一）开幕式的组织

开幕式相当于揭开山地户外运动赛事的面纱，是给运动员及观众的第一印象，开幕式的风格及精彩程度对赛事知名度影响非常大。开幕式的程序一般包括运动员、裁判员入场，奏乐升旗仪式，重要领导致辞，运动员宣誓，裁判员宣誓，运动员、裁判员退场，开幕式文艺表演等。开幕式文艺表演能够展现出山地户外运动赛事举办地的民族文化、地方风俗和组织工作的水平。

（二）赛事活动的管理

比赛正式开始后，山地户外运动赛事的主要管理指挥人员要在第一时间深入比赛现场，对比赛活动实行全面、具体、科学的领导与组织。交通部门要做好赛道安全工作，在重要路口提前设置路障，引导车（员）的速度要适中；医疗救护人员要随时待命，做好应急措施；裁判员要在自己的工作岗位尽职尽责，公平公正执法；志愿者既要服从赛会的相关规定，又要充分发挥志愿者作用，积极投身于服务中去；竞赛组委会要严格把控比赛进程，加强各部门间的相互协调配合，防止比赛中出现重大问题而影响运动员的发挥。如果出现问题，应当在第一时间召开现场办公会、仲裁委员会会议或组委会会议，果断、快速、准确解决问题，确保赛事活动顺利进行。

（三）赛事相关人员的管理

竞赛期间的人员管理，主要包括对裁判员、运动员、志愿者、观众等的管理。裁判员的数量和级别是衡量山地户外运动赛事质量的重要参考。一些重大的山地户外运动赛事往往要聘请国际知名裁判执裁，既能保障赛事在"公平、公正、公开"的氛围中进行，又能彰显裁判的权威性。赛前要组织裁判员认真学习竞赛规程、规则和裁判法，统一认识，统一尺度，反复研究在比赛中可能出现的问题及应对措施。要根据裁判员的能力水平合理安排执裁位置，在重要位置节点要安排水平较高的裁判员担任临场工作。赛事间隙裁判员要通气，认真总结交流，不断提高裁判质量。比赛中对运动员的管理重在引导，使运动员能够按照正确的规则、路线及要求进行比赛，防止运动员偏离赛道或作弊，使运动员自觉做到公正竞赛、团结拼搏、相互尊重、相互协作，充分发挥竞技能力，创造出优异的比赛成绩，不断提高运动竞赛的综合效益。任何大型赛事的成功举办，都离不开志愿者的辛勤劳动。我国山地户外运动竞赛的志愿者大多都是从高校大学生中招募过来的，学历水平较高，但往往缺乏临场经验，所以在赛前要对志愿者进行严格的培训才能上岗。在竞赛过程中，志愿者要严守岗位，吃苦耐劳，尽职尽责，相互团结协作，展现出良好的精神面貌，为赛事提供优质服务。观众是体育比赛的重要参与者，观众的数量、态度能够直接影响运动员竞技状态的发挥和优异成绩的创造。比赛中要对观众进行合理的管理，不要让他们占用赛道，避免拥堵，还要时刻注意观众的言行，防止运动员与观众之间产生矛盾，影响比赛的顺利进行。

（四）后勤管理

竞赛期间的后勤管理工作包括认真检查比赛场地、设备和器材的布置与使用情况，落实运动员、裁判员的住宿、用餐、沐浴、交通和安全保卫工作，监督运动竞赛的各项预算执行情况，以及医务方面的伤病防治和临场应急准备等项具体工作[①]。在赛事举办期间，伴随运动员、观众、志愿者的大量涌入，势必会对赛场造成交通拥堵，管理者应在赛前就科学规划交通路线和停车区域，合理引导、疏通交通，避免大量人员、车辆滞留。通信沟通在竞赛中也非常重要，由于管理人员的流动性、不定位性和山区通信不畅通，就需要相应的移动通信设备来辅助，相应的管理人员应人人配备一部对讲机，便于部门间的流畅沟通。赛事管理者要及时检查赛道两侧的标识牌、补给站、移动厕所等附属设施，方便赛事参与者使用。另外，为预防赛事进行中运动员人身安全等紧急情况的出现，后勤管理者要提前将救护车、警车、应急电源车等设备安置好，并在紧急情况出现的第一时间做出正确的反应、行动。

（五）闭幕式的组织

在山地户外运动竞赛活动结束后，根据赛事组委会的安排要举行闭幕式。闭幕式的组织应提前进行，赛事结束前就要确定好闭幕式的组织方案，

---

① 张瑞林，秦椿林. 体育管理学（第二版）[M]. 高等教育出版社，2008：239-240.

相应的组织工作也应提前到位。闭幕式的程序一般包括：宣布闭幕式开始；运动员、裁判员入场；宣布比赛成绩及获奖情况；颁发证书及奖金；致闭幕词；宣布大会闭幕；闭幕式文艺演出；宣布闭幕式全部结束等。闭幕式是山地户运动赛事的收官阶段，赛事组委会不可忽视，要高度重视，积极总结，向运动员发出下一届赛事的邀请。闭幕式文艺表演不仅内容丰富，形式多样，充分展现当地人的热情和丰富多彩的地域民族文化，也要与运动员、观众互动，让他们参与其中，融入其中，互成一体，有助于激发他们强烈的主人翁意识，为参加后续的赛事做好铺垫。

三、竞赛后管理

（一）总结评估

山地户外运动竞赛活动结束后，要在适当的时间内对赛事绩效进行科学评价，认真总结经验与教训，只有科学地对山地户外运动赛事进行实事求是、规范科学的评估，才能对山地户外运动赛事的绩效做出科学正确的判断。对赛事的举办过程进行评估可以从组织工作方案实施结果和人员两个方面进行评估。对赛事举办效果的评估主要从山地户外运动赛事本身及对当地政治、经济、文化、城市建设等方面进行，评估可以从正面和负面两个方面进行。对山地户外运动赛事本身的评估可以从纵向和横向两个方面进行，既要与本地历史上同类赛事进行对比，看竞技水平和赛事质量是否有大幅度提升或下降，也要与当前其他地区同类赛事进行对比，看自身赛事特色是否具有独特性和创造性。赛事的政治效益主要通过主办单位及上级领导认可度、群众反映、媒体评价等方面体现。赛事经济效益可以通过当地餐饮、住宿、旅游、门票、纪念品等方面进行评估，在这些指标中，只有门票收入是可以客观计算出来的，其他指标很难准确计算。赛事文化效益评估需要长期的观察才能得出结果，如文化的创新、文化的传播、文化的交融等方面都需要一个相当长的时期才能凸显效应。赛事的总体效益也就是户外运动赛事对举办地的一系列的综合的政治、经济、文化效益等的总称。举办山地户外运动赛事，可以提高举办地在全国的知名度，提高媒体的关注度，扩大旅游效益，推动商业合作，提高举办地居民生活幸福指数等。

（二）文件归档

山地户外运动赛事结束后要及时将比赛的资料整理归档。竞赛委员会要严格执行大赛的相关规定，指定专人做好文件材料的收集、整理和归档工作。纸质档案材料和电子档案材料要同步归档，做到相关材料的齐全完整，不可遗漏。山地户外运动赛事文件包含：赛事申请文件和批复文书；竞赛秩序册；赛事宣传资料，包括比赛图片、全程视频、宣传册、纪念品、媒体相关报道等资料；赛事经费明细表；裁判员、运动员名单；获奖名单及奖金明细；原始竞赛成绩单；赛道地图；裁判员手册等。其中，纸质档案材料要加盖有关单位公章，电子材料应存储在光盘中并附带相应目录。

（三）财务报告

山地户外运动赛事的举办需要大量的经费支撑，这些经费可能来自政府支持、企业赞助、基金会或金融机构的资助、门票收入、广告收入、电视转播权收入、纪念品收入等方面。赛事经费的使用要提前做好预算，对资金的收入、支出、占用、耗费等进行日常控制，赛事结束后要制作财务报表来说明赛事经营状况。财务报告包括会计报表及其说明。会计报表包括资产负债表、现金流量表、损益表、收支明细表等。对于对外报送的财务报告，财务报告格式应当符合国家有关规定，不能随意增列或减列表内项目，更不能随意变更表内各项目内容。对于内部使用的财务报告，结构没有严格要求，但要科学合理、体系完整、数字真实、计算准确、结构严谨、简明实用。财务报告不仅仅是一个山地户外运动竞赛的收支明细表，更能通过赛事资金的使用情况来衡量赛事的质量。正所谓好钢用在刀刃上，在赛事资金不充裕的情况下，要合理开支，科学使用，将经费用于赛事关键部门和关键场合。

第二节　贵州山地户外运动赛事风险管理

一、山地户外运动赛事风险的内涵

风险是指具有不确定性并且一旦发生就会对项目目标产生积极或消极影

响的事件或情况①。这是美国项目管理协会 PMI（Project Management Institute）对风险的定义。从这句话可以看出，风险的出现具有不确定性，可能在实施前期就已经出现，也可能在实施过程中出现，也可能在实施结束后才显现出来。对项目结果的影响也具有不确定性，可能会对项目结果产生积极影响，也可能对项目结果产生消极影响。山地户外运动赛事风险就是指山地户外运动赛事的组织运营过程中出现的这种不确定性。

与常规体育赛事一样，山地户外运动赛事风险的构成要素也是由起源、方式、途径、受体和后果五个部分构成的。起源，也称威胁源，是引起风险的威胁发起方，可以是一个，也可以是多个；方式，也称威胁行为，是威胁源实施威胁所采用的手段、方式、行为或策略；途径，也称脆弱性或漏洞，往往是产生风险的薄弱环节；受体，也称承受方，可以是资产、器物、人身等；后果，也称影响，是指威胁源实施威胁所造成的损失或不良后果。

二、山地户外运动赛事风险的种类

山地户外运动赛事风险可分为社会环境风险、自然环境风险、参与者风险、组织者风险、项目风险和装备器材风险等。

（一）社会环境风险

社会环境是指山地户外运动赛事举办的宏观环境，包括政策法规、管理体制、安全保障体系、救援体系等。贵州省举办山地户外运动赛事的历史不长，尚未积累相关丰富经验，各项政策法规体系也正在逐步丰富完善。山地户外运动赛事的社会环境风险包含以下几个方面：① 在政策法规方面，没有建立相应的规章制度、法规和条例，就容易使山地户外运动赛事运行时无章可循，导致出现事故时责任落实不明确，事故保险制度不健全；② 在管理体制方面，没有建立相应的监督和管理组织机构，疏于把控参赛队员资质认证，不对领队及教练员进行指导培训，或者培训不到位等；③ 在安全保障体系建设方面，没有预先对山地户外运动赛事进行风险规划，没有建立风险预警，没有实施风险控制，事故救援和施救等环节不健全等；④ 在救援体系方面，没有拨付专项救援资金，没有培养培训相关救援人才，或者救援专业化水平不高，在救援时对救援人才调度不一等；⑤ 在安全教育方面，对山地户外运

---

① 陶伟宁. 体育赛事策划与管理[M]. 重庆大学出版社，2015.

动的安全教育不够重视，缺乏专业救援教材，缺乏专业师资队伍等。

（二）自然环境风险

山地户外运动赛事往往是在野外自然环境中进行的，极易受野外地质条件、气象因素影响，贵州山地户外运动赛事的自然环境风险包括地形风险、地质风险、气象风险和生物风险等。① 贵州山地众多，素有"八山一水一分田"的称谓；同时，贵州又是我国喀斯特地貌发育较为完善的地区，地形复杂，交通不便，具有较高的地形风险，如溶洞、崖壁、沼泽、丛林、深渊等地区都易发展运动风险，贵州又处于我国亚高原地区，运动员竞赛时又要面临低氧、低温、紫外线、风沙等因素的考验。② 贵州山地户外运动赛事的地质风险主要受贵州地势和喀斯特岩溶地貌的影响。贵州省西高东低，海拔落差大，极易产生山洪、泥石流、滑坡等地质风险，喀斯特岩溶虽然造就了千奇百怪的地质奇观，但由于自然地质条件的脆弱性，易造成崩塌、落石等地质风险。③ 贵州是我国气象环境较为复杂的地区，素有"地无三尺平，天无三日晴"的说法，山地户外运动气象风险主要有雷电、暴雨、强风、大雾、瘴气、低温、高温等。④ 贵州也是我国森林植被较好的地区，林深树高，草木茂盛，生物风险主要有毒蛇、毒虫叮咬，甚至有大型野生动物。

（三）参与者风险

据调查，山地户外运动赛事风险率最高的当属参与者自身在运动参与时对自身体质、能力、意识、技术等方面估计不足形成的参与者风险。① 参与者客观体质风险。山地户外运动赛事对运动员的身体素质有极高的要求，如果对自身体质体能估计不足或在竞赛中出现体质异常等情况，都易产生较高风险。体质体能包括运动员自身体能储备不足、体质孱弱、过度疲劳。体质异常包括在进行山地户外运动时出现心脏病、高血压、脑血栓等高危身体疾病，甚至运动时各种内外旧伤复发等。② 参与者主观意识风险。主要有运动员参与山地户外运动时安全意识淡薄，麻痹大意，擅自违反竞赛规则、抱有侥幸心理，缺乏充分的心理和物质准备；注意力涣散，没有合理分配专注度，很容易受外界因素干扰，意志力薄弱，不能持之以恒；安全意识淡薄，对竞赛风险估计不足，竞赛时麻痹大意，肆意违反竞赛规则或规定，缺乏竞赛经验，缺乏应对风险的心理和物质准备；缺乏灵活的应变能力，遇到困难或风险时不能很快想出应对策略，往往犹豫不决，感知觉能力差，缺乏逻辑推理判断能力。③ 参与者的专业技能薄弱。自身专业技术掌握不扎实，如缺乏野外生存技能，缺乏攀爬及定向能力，不会绳索操作技术等；自救或急救知识技能缺乏，在户外位置感和方向感辨别能力差，缺乏户外辨识经验，不能正确使用地图或指南针，不能制作简易的求救标志或信号，缺乏风险识别能力和自我救治能力，缺乏基本的心肺复苏、止血、包扎技术。④ 参与者缺乏团队配合精神。团队小组没有建立科学分工模式，成员之间没有明确的责权利划分，遇到困难时相互推诿、抱怨，缺乏彼此理解和包容，各行其是。

（四）组织者风险

山地户外运动赛事主办方的能力经验在山地户外运动赛事中的作用非常大，许多赛事风险都和赛事主办方的组织管理有很大的关联。① 赛事活动设计不合理，赛事方案设计过于粗糙，不设预案，赛事行程安排仓促，没有充分考虑当地人文、地质、气象等方面的因素。② 组织管理不规范，组织方缺乏科学、合理、经济、合法的组织计划，组织散乱，毫无章法，随意更改竞赛计划等。③ 组织领导及协调能力差，对竞赛对象缺乏了解，不善于调解成员间的矛盾冲突，对竞赛中出现风险的判断失误，管理混乱，没有组织原则。④ 缺乏户外救生能力和事故应变执行能力，救生人员没有野外生存经验，缺乏户外救援经验，应对风险准备不足，没有充分做好事故预案，面对困难时缺乏果敢，犹豫不决，贻误救援良机。⑤ 安全教育不到位，赛前没有进行安全培训，安全意识淡薄，安全知识匮乏，没有责任感，遇到风险不敢果断实施救援。⑥ 纠正错误不及时，对竞赛风险预判不足，监督力度不够，缺乏风险判断和评估能力，缺乏应有的经验。⑦ 职业道德缺失，制订相应计划或决定时没有充分考虑运动参与者的感受，缺乏山地户外运动赛事经验，不接受相应部门的意见或建议，不顾及运动参与者风险。

（五）项目风险

山地户外运动赛事不同于其他体育赛事，运动员是在户外自然的、没有经过人工修建的开放区域内进行的运动，在运动中又对运动参与者的体能和意志力有巨大的考验，项目本身就有很大的风险。① 危险系数高。山地户外运动赛事中事故风险难于预测和干涉，容易发生风险事故，并且多为严重性的风险事故。② 技术复杂。在运动操作时技术环节多，操作复杂，难于掌握，容易产生错乱，还经常受其他客观因素影响，对救援者的身体基本能力和专业技术能力要求较高。③ 体能要求高。山地户外运动赛事不仅对运动员的体能有很高的要求，对救援人员的体能也有很高的要求，包括个人的绝对力量、爆发力量、有氧和无氧耐力、平衡能力、协调能力、柔韧能力等。④ 心理要求高。在复杂多变的自然区域内运动，对参与者的心理应对和应变能力，以及在身处险境时的自我心理调节能力等都是极大的考验。⑤ 装备要求高，户外运动时需要很多高精尖的仪器设备，对仪器的使用也有很高的要求，一旦损坏在极短的时间内很难修复，又不易很快找到良好的替代物。⑥ 营救困难。山地户外运动事故的场所一般都是在复杂多变、交通不便的区域，伤员的搜索与营救、转运难度大等。

（六）装备器材风险

① 装备质量差。山地户外运动赛事需要相应的户外装备，市面上户外装备良莠不齐，装备质量差，功能不足，都很容易发生户外运动风险。② 没有规范使用。没有按照装备操作说明使用，往往使户外运动装备的作用大打折扣，甚至适得其反。③ 适用程度低。户外装备大小尺寸不合身，或大或小都易造成户外运动风险，有的户外装备虽然标注有很多适用范围，但往往只有数项适用，并且实用性也不强。④ 保护及存放不当，户外装备一般都很精密，缺乏相应的保护装置或发生碰撞，都有可能造成装备损坏，丧失部分或全部功能。⑤ 装备失灵，如果没有注意装备使用寿命，或者没有按照使用说明使用，或者局部损坏都可能导致装备性能下降或失灵，从而引起山地户外运动风险。

三、山地户外运动赛事风险管理过程

（一）风险规划

风险规划就是山地户外运动赛事风险管理的一整套计划，主要包括定义项目组及成员风险管理的行动方案及方式，选择适合的风险管理方法，确定风险判断的依据等①。风险规划的目的在于尽可能把风险消除掉，或尽量降低、隔离风险，通过制定不同备选行动方案，建立时间和经费储备以应对不可避

---

① 余日光，史烽. 固体继电器研发项目风险管理研究[J]. 企业科技与发展，
2013（9）：139-142.

免的风险，为山地户外运动赛事的风险管理执行决策提供一个结构性框架。

山地户外运动赛事风险规划的项目工作分解结构（Work Breakdown Structure，WBS），是将山地户外运动赛事的项目按照其内在的结构或实施过程的顺序逐层分解而形成的结构示意图。结构示意图中的工作单元是相互独立、内容单一、权责明确的，并且在项目中的地位与构成很直观地显现出来。在实际的项目分解中，有时层次较少，有时层次较多，不同类型的项目会有不同的项目分解结构图。

（二）风险识别

风险识别是指通过一系列手段与方法收集相应的数据信息，对山地户外运动赛事各个易发生风险的项目进行逻辑性分析、推理，尽可能将潜在的危险或易产生风险的环节识别出来的过程。风险识别需要解决 3W（who，what，why）问题。首先，风险指向对象是谁，也就是谁将受到伤害或损失？其次，有可能造成什么样的损失，或者是哪些损失？最后，损失的致因是什么，也就是为什么会造成这样的损失？常用的风险识别方法主要有头脑风暴法、历史分析法、人物访谈法、专家咨询法、SWOT 分析法、制约因素分析法和影像图分析法等。

1. 头脑风暴法

头脑风暴法是项目决策与管理实践中常用的一种方法。这种方法用于山地户外运动赛事风险识别时，就是请相关山地户外运动赛事策划专家、下属各项目负责人、外聘的风险管理专家、赛事工作人员代表、当地群众代表等组成讨论小组，针对在山地户外运动赛事实施过程中可能出现的风险及其危害等问题广泛展开讨论，大家各抒己见，提出各自的看法，会议组织者或与会者都不要对参与者的意见提出怀疑，不能指责对方，或阻止对方发表意见，更不能人身攻击，应广开思路，相互尊重，鼓励参与者提出尽可能多的潜在风险。

2. 历史分析法

历史分析法是运用发展、变化的观点分析客观事物和社会现象的方法。客观事物是发展、变化的，山地户外运动赛事亦是如此，可以通过分析山地户外运动赛事发展的不同阶段并加以联系和比较，弄清其实质，揭示其发展趋势。有些风险或问题的出现，总是有它的历史根源，在分析和解决这些风险或问题的时候，可以通过追根溯源，弄清风险的来龙去脉，提出符合实际的解决办法。

3. 人物访谈法

人物访谈法是科学研究中最常用的方法，也是解决问题的重要方法。访谈对象应该包括山地户外运动赛事组织所有部门的负责人、山地户外运动专家、各利益相关者、同行及其他与山地户外运动赛事运营有关的人员，甚至是山地户外运动赛场附近的居民。访谈形式不限，根据当时的情形确定，可以是一对一进行，也可以小组形式进行。访谈的问题应具有针对性、具体性，不能模糊不清，也不能选错对象，最好提前列好提纲，有针对性地选取访谈对象进行访谈。

4. 专家咨询法

专家咨询法又称德尔菲法，是一种反馈匿名函询法。专家咨询法通常以匿名方式通过几轮函询，征求专家意见，并对每轮的专家意见进行汇总整理，再作为参考资料发给参与函询的各位专家，供他们分析研判，提出新的论证。如此反复进行，最终使各专家的意见趋于一致，结论的可靠性也就越大。这种方法在山地户外运动赛事风险评估中运用较少，一般在评估较大风险时采用此研究方法。

5. SWOT 分析法

SWOT 分析法，即态势分析，S（strengths）指优势，W（weaknesses）指劣势，O（opportunities）指机会、T（threats）指威胁。就是通过研究山地户外运动赛事相关的各种主要内部优势、劣势，外部的机会、威胁等，深入调查各种影响因素后列举出来，按照矩阵形式进行有序排列，然后用系统分析方法，把各种因素相互结合起来加以分析，从中得出山地户外运动赛事风险的可能性，以此来规避风险。运用 SWOT 分析法，可以对山地户外运动赛事风险所处的情景进行全面、系统、科学、准确的研究，根据研究结果制定相应的风险规避或风险应对策略。

6. 制约因素分析法

山地户外运动赛事在运行过程中必然会受到人、财、物、时间、信息、法律法规等因素的影响与制约，一旦其中某一个或某些因素的作用没有发挥出来或发挥欠佳，就可能产生山地户外运动赛事风险。而山地户外运动赛事的组织者和风险管理人员就要针对这些限制因素的机动性、优先性以及这些因素可能导致的后果进行详细的分析，以识别在山地户外运动赛事运行时可能出现的风险。

7. 影像图分析法

影像图分析法的工作原理，是以某一要素为中心来分析它对其他要素的影响以及相互之间作用的范围与结果，从而形成一种立体网状结构的影像图，图中各个要素之间的相互作用都可能导致风险的产生。各要素之间也存在某种因果关系，可以通过"箭头"由"因"指向"果"，引出箭头最多的要素通常是风险产生的主要因素，可以事先对此类因素进行重点"关照"，从而避免风险发生。

(三)风险分析

在山地户外运动赛事运行过程中，由于存在许多不确定因素，赛事运行中的风险是客观存在的。因此，风险分析对于山地户外运动赛事管理具有决定性的作用，可以为如何处置这些风险提供科学依据，以保障山地户外运动赛事的顺利进行。在进行风险评价过程中，一项重要的工作就是风险预警。在对山地户外运动赛事运行过程进行风险识别、风险分析和风险评估后，赛事管理者就可以推算出山地户外运动赛事风险发生的概率、风险发生的时段、风险产生的损失的大小以及风险影响的范围等，在此基础之上就可以做出风险预警，以提醒相关管理者适时采取风险管理措施，从而规避风险或降低风险伤害度。常用的风险分析方法有"因—果树"法、故障树形图分析法、"决策树"法、外推法、模糊分析法、灰色系统理论、蒙特卡罗模拟法及计算机仿真分析法等。

1. "因—果树"分析法

"因—果树"风险分析法形成的结果形状外观上如同"鱼骨"，因此也叫作"鱼骨分析法"。实际上，"因—果树"分析法是一种集思广益、充分发挥集体智慧、由分散到集中的一种分析方法，这种方法具有"归纳"的性质。

2. 故障树形图分析法

这种方法是一种"演绎"推理的分析方法，与前面所述的"因—果树"

风险分析方法正好相反，犹如一张"树根"图，由树桩开始向地下引申出无数条"树根"。通过对事件树的定性与定量分析，找出风险发生的主要原因，为制定安全策略与防护提供相应依据。

3. "决策树"法

这种方法是针对每一个风险事件，都有多种可供选择的替代应对方案，而这些替代应对方案也要产生相应的成本、利益和"次生"危机。山地户外运动赛事的管理人员可以将这些替代应对方案进行对比后，最终确定相对合理的风险应对方案。这种决策分析方法画成图形就很像一棵树的枝干，因此被称为"决策树"分析法。

4. 外推法

外推法按照推理的方向可分为前推法、后推法和旁推法三种类型。其中，前推法是以历史经验与数据为基础对将来可能发生的风险的概率及后果进行推理的方法。比如某地历年 7 月份常有强降雨，如果在这一时期开展登山运动，就有可能遭遇地质灾害。前推法只是根据历史数据计算出概率，往往欠缺实证，故难以服众；后推法在逻辑上正好与前推法相反，是在没有任何直接历史经验参考的基础上的一种推理方法；旁推法是指利用情况相似的其他地区或事件的数据对本地区或事件进行外推的一种推理方法。

5. 模糊分析法

模糊分析法是一种基于模糊数学的综合分析方法。这种分析方法根据模糊数学的隶属度理论把定性评价转化为定量评价，也就是运用模糊数学对受到多种因素制约的事物或对象做出一个总体的评价[①]。模糊分析法可以将一些模糊的、难以量化的问题转化为清晰的、准确的问题，适合解决各种不确定问题。

6. 灰色系统理论

灰色系统理论是一种研究缺乏数据或者信息不确定性问题的新方法。我们用"黑"表示未知信息，"白"表示已知信息，"灰"表示部分信息明确、部分信息不明确。灰色系统理论是在随机风险概率方法的基础上，强调对灰

---

① 百度百科，http://baike.baidu.com/view/3636909.html。

色风险率的不确定性的描述与量化。

7. 蒙特卡洛模拟法

这种方法也称为统计模拟法，是由于科技的发展和计算机的发明而被提出的以概率统计理论为指导的数值计算方法，是通过使用随机数来解决计算问题的一种方法。蒙特卡洛模拟法是一种使用数学方法在计算机上模拟实际概率过程，并加以统计处理寻求近似解的方法[①]。

8. 计算机仿真分析法

这种方法是建立在蒙特卡洛模拟法的基础之上的一种分析方法，通过计算机模拟工程系统实际执行的运行情况，对项目风险进行动态观察和设计，从而获取该项目的风险分布[②]，从而为山地户外运动赛事管理者进行风险管理提供决策依据。

（四）风险应对

风险应对是在风险规划、风险识别和风险分析后一项重要的工作措施，目的在于有效地控制山地户外运动赛事风险，尽量避免风险产生，或降低风险概率。常用的风险应对措施主要有风险回避、风险转移、风险预防、风险抑制、风险自留和风险应急等。

1. 风险回避

风险回避是指在完成山地户外运动赛事项目风险分析与评价后，如果发现某项目风险发生的概率很高，造成的损失可能也很大，并且也没有其他有效的对策降低风险时，就应该采取放弃项目、放弃原有计划或改变目标等方法，使风险不发生或不再发展，从而避免可能产生的潜在损失[③]。风险回避的优点是简单易操作，全面又彻底，可以将风险的概率降低到零；缺点是在回避风险的同时也放弃了获得收益的机会。随着山地户外运动在全国风靡，越来越多的地区也想利用自身天然地质优势开展山地户外运动赛事，但往往惧

① 田依林. 基于模糊综合评判法的企业知识创新风险评价研究[J]. 科技进步与对策，2010，27（8）：149-152.

② 田依林. 基于模糊综合评判法的企业知识创新风险评价研究[J]. 科技进步与对策，2010，27（8）：149-152.

③ 张桂英. 工程项目风险管理[J]. 山西建筑，2007（18）：195-196.

怕山地户外运动赛事可能带来较大的风险时不得不放弃举办的设想，这就是风险回避。通常在两种情况下会采取风险回避：一是如果这种风险所带来的损失概率和损失程度相当大，即使收益非常高也要放弃；二是采用处理该风险的成本远远超过赛事取得的收益，也要采取风险回避，从而将山地户外运动赛事组织者的损失可能性降低到零。

2. 风险转移

风险转移又称合伙分担风险，是指通过合同或非合同的方式将风险转嫁转移给另一个人或单位的一种风险处理方式。山地户外运动赛事组织者可以有意识地通过购买保险、签署合同等方式将赛事的某种特定风险转嫁或转移给保险公司或其他单位。风险转移往往用于处理那些风险发生概率小但损失大的情况，或者组织者很难控制风险的情况。例如：在山地户外运动赛事中可能会发生人身安全事故时，就可以通过购买人身意外险的方法将风险转移给保险公司或保险机构，这是保险风险转移；另外一种是非保险风险转移，主要是通过保险以外的免责协议和套期保值的方法转移风险，如在山地户外运动赛事中需要一定的交通服务，赛事组织者就会与汽车服务公司签订赛事用车服务合同，合同价格不会因燃油价格上涨或车辆使用中成本费用升高而改变。有的赛事组织者还让赛事参与者签署相应的免责协议，如果在竞赛中发生损害事故让受害者放弃向赛事组织者追究相应的法律责任的办法。但在签署合或协议的同时应遵循赛事举办国家或地区的法律法规。

3. 风险预防

风险预防是在山地户外运动赛事风险发生之前，采取各项措施来消除或减少风险损害，目的是降低风险发生的概率和减轻损失程度。为了保障山地户外运动赛事的顺利进行，赛事组织者也费尽心思，不断排除风险隐患，但当遇到严重或不可逆的风险威胁时，不得以缺乏科学的充分证据为理由，延迟采取符合成本效益的防止赛事风险产生的措施。帕累托"二八"定律表明，只要预防好 20%的主要风险就有 80%的成功率。由此可以看出，在山地户外运动赛事中所有的风险中只有一小部分的威胁最大，只要处理好这小部分的风险就能抑制较大风险的产生，一个风险减轻或消除了，其他一系列风险也会随之减轻或消除。在进行风险预防时，最好把每一个可能出现的风险都排查出来，并找出风险源头，加强人员安全意识管理，重点防范重大风险源，尽量将风险扼杀在摇篮中。例如借助自然场地举行的攀岩竞赛，就应该在赛前充分排查风险事故产生的原因，如崖壁坠石、人为投石、自然天气等，根据可能发生事故的原因，加大安全管理人员监督排查，采取多项措施预防事故的发生。

4. 风险抑制

风险抑制是指在山地户外运动赛事事故发生前或发生后，为缩小损失程度而采取的一种风险处理方式。这种情况往往出现在山地户外运动赛事管理者不愿意放弃也不愿意转移赛事风险时，采用降低事故发生的概率和减小事故带来的一系列不利影响而采取的措施。山地户外运动赛事风险抑制可以在事前，也可以在事后。如在举办大型山地户外运动赛事之前，赛事组织者举办一些小型的、低级别的户外运动赛事，用以检测赛事场地路线是否规范合理，是否存在较大安全隐患，通过这些测试来检查赛事举办可能存在的问题，在正式比赛前通过各种途径就可将这些问题解决掉，这是事前抑制。而事后抑制往往是在赛事事故已经发生后采取的各种措施以保障赛事的顺利进行。如在背背篓比赛中运动可能会遭遇背篓破底的情况，赛事组织者在第一时间就用备用背篓进行更换，尽量不影响赛事参与者的竞赛成绩。

5. 风险自留

风险自留也称风险承担，是指山地户外运动赛事组织者明知道在赛事举办过程中必然会存在风险，自己依然非理性或理性地主动承担风险，也就是用自身内部的资源来弥补损失。风险自留与其他风险应对策略有很大的不同，风险自留不改变项目风险的客观性质，它既不改变项目风险发生的概率，也不改变项目风险潜在损失的严重性。由于风险自留是赛事组织者自己承担风险事故造成的损失，从表面上看它是一种最方便的风险规避方法，但往往需要牺牲一些自身的利益来保证赛事的顺利进行，无法实现山地户外运动赛事利益的最大化。风险自留分为主动风险自留和被动风险自留两种类型。主动风险自留是山地户外运动赛事组织者在权衡了各项能够规避风险的成本大小的基础上，选择自身主动承担风险应对责任。被动风险自留是由于山地户外运动赛事组织者事先没有充分考虑到风险的存在或错误估计风险的严重性，也没有预先对风险进行处理，在风险事故发生后不得不承担风险带来的后果。

6. 风险应急

风险应急是指针对任何可能出现的风险源及风险事故发生时而采取的一

系列应急措施。风险应急主要用于处理无预警信息风险事件，如在易发生火灾的场所放置灭火设备用以对付可能出现的火灾险情。风险应急是山地户外运动赛事风险管理的一个重要内容，其内容包括风险发生时系统应做出的正确反应、风险发生后的补救方案、项目实施的具体步骤及相关人员的职责权限等。

四、山地户外运动赛事风险防范机制构建

山地户外运动赛事风险防范机制的构建，需要在遵循国家或地方法律法规的基础上，建立或完善相应的法律体系和管理体制，通过建立山地户外运动安全保障体系、公共服务体系和市场监管体系等措施，降低或避免山地户外运动赛事风险发生的概率，从而保障山地户外运动赛事顺利进行。

（一）建立山地户外运动安全保障体系

1. 建立山地户外运动员登记与查询系统

当发生山地户外运动风险时，在第一时间对伤员进行救治至关重要。如果能尽早知晓户外运动参与者的历史生理状况、既往病史或有无过敏情况等，就可以及时确定伤员的诊疗方案，大大提高伤员救治率。因此，有必要对山地户外运动参与者的身体状况信息定期进行登记归类，建立相关的登记与查询系统，便于山地户外运动赛事组织者或救治者及时救援。另外，还可以将山地户外运动参与者的家庭联系方式、个人特长等信息输入系统中，以便应急之需。

2. 建立山地户外运动救援机制

一是要加强对山地户外运动参与者和救援人员的培训力度，对山地户外运动中常出现的风险伤害进行专门培训，在发生意外事故时能快速做出应答，在等待专业救援人员到来之前，同伴之间可以完成基本的相互救护，避免事故进一步扩大。二是要成立专业的山地户外运动救援组织，可以通过政府成立专门性的救援机构，也可以鼓励个人或企业成立商业营利性救援组织，在举办山地户外运动赛事时，可以聘请这些专业的救援组织为山地户外运动赛事的顺利举办保驾护航。三是要加大对山地户外救援装备的研制与更新，做

到救援装备永远都是最安全、最保险的，还要保证救援装备的匹配性，要不断研制适合本土的山地户外运动救援装备。四是要建立山地户外运动救援网络，借助网络平台与各地山地户外运动管理中心做到平行式信息和资源交互利用，建立区域联动机制，一旦发生山地户外运动风险，能及时联动，快速实施救援行动。

3. 培养专业山地户外运动救援人员

一旦发生山地户外运动风险，在第一时间实施正确的救治，能大大降低风险事故的伤害率。专业的山地户外运动救援人员必须具备两个条件：一是自身应具备专业的山地户外运动知识，因为山地户外运动风险事故往往发生在交通不便、自然环境恶劣的地区，救援人员在到达救援区域过程中首先要保障自身安全，才能对伤员进行救治；二是山地户外运动救援人员要具备专业的救治知识，在实施救援时才能有效保护伤员，避免伤员发生二次事故，贻误救治良机。

4. 完善山地户外运动保险制度

山地户外运动是一项高风险项目，其风险会给参与者带来很大的人身伤害，参与者自身又难以承担风险损失。因此，在参与山地户外运动时，赛事组织者都会要求运动参与者购买人身意外保险，以保障山地户外运动参与者的人身安全。购买保险是体育风险管理中风险转移的一项重要手段，只能减少但不能完全消除意外风险带来的伤害，有可能在原来的风险规避后又出现新的风险。可以通过建立专门的山地户外运动保险险种，全方位地保障山地户外运动参与者的人身、财产等安全。保险机制是山地户外运动风险管理的重要机制，能够有效降低山地户外运动风险事故发生后自身或家属经济上的损失，减缓和安抚悲伤情绪。因此，可以从山地户外运动参与者的实际情况考虑，立足山地户外运动项目特征，进一步丰富和完善我国山地户外运动保险机制。

（二）建立并完善山地户外运动公共服务体系

1. 建立山地户外运动区域信息查询系统

山地户外运动区域信息查询系统是指专门满足山地户外运动参与者进行户外活动，或山地户外运动赛事组织者组织活动时能够查询到山地户外活动目标区域路线、地质环境、气象条件、风险评级、运动策略等信息的网络信息系统①。各地方户外运动管理中心、旅游景区、气象部门、土地资源局等部门联手将本地区山地户外运动的信息进行收集并进行风险评级，上报国家户外运动管理中心数据库后，可建立覆盖全国的山地户外运动信息网络查询系统。山地户外运动赛事组织者在承办山地户外运动赛事时，可预先通过此系统获取该区域活动路线、气象情况、地形条件、植被环境、潜在风险等信息，进而完善竞赛活动方案，降低山地户外运动赛事风险。

2. 完善山地户外运动技能培训体系

山地户外运动活动是一项专业性和挑战性较强的运动，运动参与者既要克服恶劣的山地户外环境条件，自身也要具备较强的户外运动和生存技术。在山地户外运动竞赛中，参与者的身体状况、心理素质、道德品质、运动技能、户外生存能力、安全知识等因素都会在很大程度上影响山地户外运动风险的发生。另外，山地户外运动赛事组织者在竞赛过程中的管理协调能力和户外救援人员的救援技能也对山地户外运动赛事风险产生很大影响。因此，有必要对山地户外运动参与者、山地户外运动赛事组织者和山地户外运动救援人员进行相关的培训。培训的内容应该包括户外运动安全科学知识、户外运动赛事组织与管理、专业户外运动技能、户外运动装备选择、野外求生技能等。要严格实行山地户外运动指导员从业资格准入制度，严把质量关，切实提高山地户外运动相关人员的能力，以降低山地户外运动风险，提高安全保障。

3. 丰富山地户外运动公共服务主体

山地户外运动公共服务应当由政府来提供，但这并不能代表公共服务要由政府全权买单。随着市场经济的不断发展，山地户外运动公共服务的供给模式可以由政府单一供给逐渐向政府、社会和企业个人多方位承担的供给模式过渡。① 山地户外运动公共服务供给的主体依然是政府及体育行政部门，如各级党委和政府是山地户外运动公共服务的决策领导部门，负责山地户外运动公共服务重大政策制定、主要公共服务资源的协调、户外救援的实施、对各级山地户外公共服务实施考评等方面。② 社会各级组织，如体育事业单位、体育社团等各种志愿性的公益性或互益性体育活动的非政府社会组织，它们在政府体育政策的指导与安排下,完成各项山地户外公共服务任务。③ 以

---

① 姜梅英 . 中国山地户外运动风险防范机制研究[D] . 北京体育大学, 2013 .

盈利为目的的体育经营活动的企业或个人，在国家政策的允许下，提供各种体育公共服务内容。

（三）建立山地户外运动市场监管体系

1. 规范山地户外运动行业标准

行业标准是由我国各主管部、委（局）批准发布，并在该部门范围内统一使用的标准[1]。我国的农业、林业、工业、制造业、交通、建筑、电子、机械等，都有行业标准。户外运动中的攀岩、攀冰、高山探险、山地户外运动等四个项目在 2011 年 11 月国家体育总局登山运动管理中心召开的高危体育项目场所管理研讨会中被确定为高危险性体育项目。其他许多山地户外运动项目也具有很高的运动风险，山地户外运动的行业管理标准急待建立，这是关系众多山地户外运动参与者生命安全的大事。山地户外运动场地的管理及安全等方面的行业标准、法律法规，以及山地户外运动装备、山地户外运动器材等相关的国家标准还尚未完全建立起来。因此，应以国家体育总局登山管理中心为首，以及各地山地运动管理中心协助，规范我国山地户外运动行业标准，制定详细文件和政策不断引导、规范我国山地户外运动健康良性发展[2]。

2. 建立山地户外运动网站监管机制

近年来，山地户外运动越来越受到国人的青睐，越来越多的山地户外运动爱好者参与到不同类型、不同级别的山地户外运动赛事中去，我国山地户外运动赛事数量逐年递增，但山地户外运动事故也层出不穷。因此，在大数据时代有必要建立山地户外运动网站监管机制，对各级山地户外运动网站以及网站的活动策划进行监管。一是要严格把控准入门槛，将山地户外运动参与者的身份信息、健康状况等准确详细录入系统；二是要加大山地户外运动赛事申请审核力度，严控山地户外运动赛事举办资质；三是要全程监控山地户外运动赛事，并对赛事进行风险评级和质量考核。利用大数据的优越性，对各级山地户外运动网站进行监管，从而有效降低山地户外运动风险。

---

① 姜梅英．中国山地户外运动风险防范机制研究[D]．北京体育大学，2013．

② 刘苏，傅志平．AA 制山地户外运动事故防范机制研究[J]．体育成人教育学刊，2017，33（3）：32-35．

3. 建立山地户外运动资质认证体系

资质认证指由国家认可的认证机构证明一个组织的产品、服务、管理体系符合相关标准、技术规范或其强制性要求的合格评定活动[①]。目前，我国山地户外运动的资质认证主要包括山地户外运动参与者的资质认证、山地户外指导员的资质认证、山地户外运动组织者的资质认证和山地户外运动俱乐部资质认证。近年来，我国山地户外运动发展势头迅猛，个人自主组织的山地户外运动、民间自发组织的山地户外运动等，都可能影响山地户外运动的健康发展。国家体育总局登山管理中心及各地山地运动管理中心应出台各项资质认证标准和管理规定，加大山地户外运动技术培训和资质认证制度的力度，对从业人员和机构进行科学规范化管理，不断提高我国山地户外运动管理水平。

4. 建立山地户外运动装备质检体系

山地户外运动装备在山地户外运动中的作用至关重要，它不仅有助于山地户外运动参与者创造佳绩，同时也能对山地户外运动参与者人身安全起到防护作用，在使用中稍有差池就可能危及生命。但由于利益的驱使，国内市场上泛滥着大量劣质仿冒户外运动产品，而众多山地户外运动参与者也难辨真伪，多有上当受骗者，极大地影响了山地户外运动参与者的运动体验危害了人身安全。因此，山地户外运动装备的标准化和质检工作是关乎山地户外运动参与者生命安全的问题。通过建立山地户外运动装备质检体系，规范山地户外运动装备、器材质量和标准，定期对市场上山地户外运动装备进行监督和检查，从根本上确保山地户外运动装备的安全性，有效降低由于山地户外运动装备因素带来的户外运动风险。

---

① 苏畅. 中国高尔夫球场草坪总监资质认证培训工作案例研究[D]. 北京体育大学，2014.

第七章　贵州山地户外运动赛事市场开发研究

第一节　贵州山地户外运动赛事市场开发概述

一、贵州山地户外运动赛事市场开发相关概念

（一）山地户外运动赛事市场

杰罗姆·麦卡锡认为，市场是指一群具有相同需求的潜在顾客，他们愿意以某种有价值的东西来换取卖主所提供的商品或服务，这样的商品或服务是满足需求的方式[①]。市场是一个商品经济的范畴，是社会分工和商品经济发展的必然产物，是各种市场主体之间交换关系乃至全部经济关系的总和。山地户外运动赛事市场是对山地户外运动产品、服务以及山地户外运动生活产品和服务进行交换、推广的市场，山地户外运动赛事市场包含情感性产品和功能性产品两个层次。山地户外运动赛事市场属于体育市场的一部分，是在体育市场领域内对山地户外运动赛事产品进行交换活动与交换关系的行为，产品是山地户外运动赛事。山地户外运动赛事市场价值的大小主要取决于山地户外运动赛事组织者、营销者在对山地户外运动赛事市场进行充分的调研与分析的基础上，对山地户外运动赛事产品的策划以及与赞助商、媒体的合作。

（二）山地户外运动赛事市场开发

山地户外运动赛事市场开发是指山地户外运动赛事的各种资源在特定的市场背景下，结合相应管理理论的指导，通过市场开发和经营而生产经济效益的过程。山地户外运动赛事市场开发受体制环境、经济环境、法治环境、

[①] 许松涛. 改革开放以来我国体育经济思想的发展演变研究[D]. 北京体育大学，2013.

自然环境及社会文化环境的制约。

二、贵州山地户外运动赛事市场开发的资源

（一）贵州山地户外运动赛事的有形资产资源

贵州山地户外运动赛事的有形资产资源是指山地户外运动赛事本身及举办区域内存在的有形物质组成并可以通过经营创造经济效益的资源。主要包括赛事特许经营产品（如赛事纪念牌、纪念衫、民族特色纪念品等）、比赛场地广告资源（如赛场周围静止及移动的广告等）、比赛印刷品广告资源（如赛事秩序册、成绩册、纪念册等）、竞赛开闭幕式及门票等。

（二）贵州山地户外运动赛事的无形资产资源

贵州山地户外运动赛事的无形资产是指山地户外运动赛事本身具有的、没有具体实物形态的资产或者可以产生一定经济效益的资源。山地户外运动赛事的无形资产主要包括山地户外运动赛事项目冠名权、奖杯项冠名权、赛事会徽、赛事吉祥物、电视转播权等。

（三）贵州山地户外运动赛事的政府资源

贵州山地户外运动赛事的政府资源是指通过政府领导者的权力、影响力、公信力，以及对社会公共资源的分配权体现出的资源。山地户外运动赛事的政府资源主要包括赛事举办地户外广告、举办地政府特许专卖区域、举办地政府税收优惠政策、举办地政府支持和扶持的其他资源等。

（四）贵州山地户外运动赛事的衍生资源

贵州山地户外运动赛事的衍生资源是指通过举办山地户外运动赛事对举办地衍生出来的资源。民族特色山地户外运动赛事的衍生资源主要包括举办地的社会文化资源、山地旅游资源、特色体育资源、生态资源等。在山地户外运动赛事运作中，对这些资源进行延伸开发也能产生良好的经济和社会效益。

三、贵州山地户外运动赛事市场开发的意义

（一）为贵州山地户外运动赛事成功运作提供支持

大型山地户外运动赛事的运作需要投入巨额的人力、物力、财力、时间及信息，如在山地户外运动赛事筹备过程中需要的场地修建、交通设施改造、竞赛组织费用以及组织过程中的人力成本等，通过对山地户外运动赛事资源进行市场开发，可以在一定程度上解决山地户外运动赛事筹办资金问题。对山地户外运动赛事管理者来说，山地户外运动赛事市场开发的目的是山地户外运动赛事管理者将赛事资源与企业或个人的资金、技术、物资和服务进行交换，双方各取所需，互相收益，从而使山地户外运动赛事管理者获取了举办比赛所需的经费、物资、技术、服务等。

（二）为企业市场运作提供平台

前面我们提到，山地户外运动赛事管理者将赛事资源与企业或个人的资金、技术、物资和服务进行交换，使赛事管理者在获取了比赛所需的经费、物资、技术和服务的同时，也满足了企业或个人的需求。企业或个人借助山地户外运动赛事的知名度和影响力达到提升自身企业产品与品牌影响的目的。企业可以为山地户外运动赛事冠名，企业产品可以赞助为赛事指定用品，企业可以借助赛场对自身产品进行展示和销售，企业标志可以印刷在门票、赛事纪念品上等，既能增加企业产品的销量，更能提升企业的关注度与知名度，从而有助于打造知名企业品牌。

（三）为贵州经济发展提供发展动力

山地户外运动赛事管理者与企业或个人合作，实现了双赢，既保障了山地户外运动赛事的顺利成功进行，也提升了企业产品知名度。一项山地户外运动赛事能够长期周期性的举办，能够大大提高当地知名度，扩大对外影响力，不断吸引外商投资经营，进而推动当地经济的快速发展。另外，通过对山地户外运动赛事进行市场开发，可以挖掘本地区特色资源，将其转化为商业价值，进而撬动经济杠杆，改善民生，促进经济发展。

四、贵州山地户外运动赛事市场开发的流程

贵州山地户外运动赛事市场开发流程包括以下五点：

（1）获得山地户外运动赛事市场开发资格，组建相应的机构和工作团队，制定山地户外运动赛事市场开发的相关规定，包括赛事市场开发的管理办法等。目的是通过这些举措，设置山地户外运动赛事市场准入门槛，从而提高山地户外运动赛事的质量和知名度。

（2）对山地户外运动赛事可供市场开发的资源进行梳理、分析，并对山地户外运动赛事的市场环境进行调查分析，寻找与山地户外运动赛事吻合的企业或行业。目的是通过了解山地户外运动赛事本身与赛事所处的市场环境，对山地户外运动赛事市场进行科学定位，这是进行市场开发的重要前提。

（3）通过各种渠道寻找赞助商，山地户外运动赛事管理者与赞助商反复进行公关、谈判后，双方初步达成一致，进一步完善相关策划方案，不断调整、细化具体合作方案，最终使双方达成共识，签订合同。

（4）山地户外运动管理者与赞助商之间正式展开合作活动，赞助商向赛事委员会提供相应的资金、物资、技术、人员等方面的服务，而山地户外运动赛事管理者应向赞助商提供信息发布平台以及实物展示和销售平台。双方在赛事实施过程中不断交流，对赛事市场开发的全过程进行控制，并及时反馈信息，维护双方权益。

（5）最后，山地户外运动赛事结束后，赛事管理者进行相应的收尾工作，并不代表与赞助商的合作到此结束。赛事管理者对山地户外运动赛事进行工作总结、财务结算、物资处置和效益评估后，向赞助商提交回报执行报告，并对赞助商进行回访与答谢，方便双方下次合作。

第二节　贵州山地户外运动赛事市场开发主体及利益相关者

一、贵州山地户外运动赛事市场开发主体

市场主体是指在市场上从事经济活动，享有权利和承担义务的个人或组织。山地户外运动赛事市场主体是指在山地户外运动市场开发过程中，从事

山地户外运动赛事产品或服务的生产及经营活动,享有权利和承担义务的个人或组织。任何市场主体参与山地户外运动赛事市场开发都带有明确的目的,都是在市场开发中以谋求自身利益最大化为目标。

山地户外运动赛事市场开发的第一主体是赛事组织委员会。贵州山地户外运动赛事组织委员会基本都由政府各部门相关负责人组建而成,因此赛事市场开发的第一主体是当地政府或上一级政府。山地户外运动赛事市场开发的第二主体是赛事委员会将市场开发的权力转让给的其他个人或组织,通常包括政府、赛事组织者、赞助商、中介机构和各种媒体等。

二、贵州山地户外运动赛事市场开发利益相关者

利益相关者是指在生产活动中对一定项目进行了专用性投资,并在此过程中能承担一定风险的个体或群体。山地户外运动赛事的利益相关者是指在山地户外运动赛事中提供了相应竞赛产品和服务的生产活动中,进行了一定的专用性投资,并承担了一定风险的个体、群体或组织。目前我国山地户外运动赛事市场开发的主要利益相关者主要有:赛事主办方、赛事承办方、赛事协办方、当地政府、运动员、教练员、裁判员、观众、志愿者、媒体、赞助商等。

(一)赛事主办方

赛事主办方通常是指山地户外运动赛事的主办单位,是赛事权利的所有者,是赛事市场开发资源的拥有者和领导者,也是赛事风险的主要承担者。赛事主办单位可以是一家,也可以是数家。例如2018年遵义市国际山地户外运动挑战赛的主办单位是中国登山协会、贵州省体育局和遵义市人民政府(见表7-1)。

(二)赛事承办方

赛事承办方,也叫赛事承办单位,是具有一定资质,并且有意愿与主办方共同举办某项活动的机构。赛事主办方往往做宏观统筹,承办方主要做微观事务。赛事承办方是一些有相应资质与能力的单位,负责赛事的具体活动。如2018年遵义市国际山地户外运动挑战赛的承办单位是贵州省登山协会、遵

义市体育局、中共遵义市汇川区委、汇川区人民政府。

表 7-1　近 5 年遵义市国际山地户外运动挑战赛市场开发主体一览

时间	主办单位	承办单位	协助单位
2014 年	中国登山协会、贵州省体育局、遵义市人民政府	贵州省登山协会、遵义市文化体育广播电影电视局、汇川区人民政府	遵义润昇置业有限公司、万豪世贸城、贵州银行遵义分行、遵义市榕树岛内价购物广场有限公司、保利未来城市等
2015 年	中国登山协会、贵州省体育局、遵义市人民政府	贵州省登山协会、遵义市体育局、汇川区人民政府	遵义市登山协会
2016 年	中国登山协会、贵州省体育局、遵义市人民政府	贵州省登山协会、遵义市体育局、汇川区人民政府、中共遵义市汇川区委	遵义润昇置业有限公司
2017 年	中国登山协会、贵州省体育局、遵义市人民政府	贵州省登山协会、遵义市体育局、汇川区人民政府	遵义润昇置业有限公司、传奇文化（贵州）景区运营管理有限公司、遵义浙商房地产开发有限公司
2018 年	中国登山协会、贵州省体育局、遵义市人民政府	贵州省登山协会、遵义市体育局、中共遵义市汇川区委、汇川区人民政府	遵义市经济技术开发区投资建设有限公司

（三）赛事协办方

赛事协办方，也叫赛事协助单位，在活动规模较大或需资费较多的情况下，主办方会寻求一些当地知名单位的支持，或出资赞助挂名，或协助办理挂名，这些单位就是协办方。例如 2018 年遵义市国际山地户外运动挑战赛的协办方是遵义市经济技术开发区投资建设有限公司。

（四）当地政府

山地户外运动举办地政府举办赛事的目的是通过体育赛事来扩大该地区

的知名度，通过赛事质量、规模及外界口碑来提高城市美誉度，通过赛事来营销和推广城市相关资源，促进举办地服务业、建筑业、旅游业、商业、就业等方面的发展，推动现代化城市建设。

（五）运动员

运动员是山地户外运动赛事的直接参与者。一定数量和质量的运动员参与山地户外运动赛事，可以提升赛事的知名度与关注度，使媒体传播的力度进一步加大。在山地户外运动赛事中，运动员是赛事市场主要利益相关者，也是企业赞助山地户外运动赛事的重要载体。运动员在山地户外运动竞赛中不仅能通过自身或团队配合能力夺取优异成绩，获取可观的奖金，也能在赛事户外运动赛事中挑战自我，积累比赛经验，不断提高自身山地户外运动的竞赛能力和经验。

（六）教练员

教练员是指依靠自身较强的专项运动理论知识和较高的技术水平，运用先进的教学和训练方法，对运动员的技术、战术、身体素质和道德意志品质等全面设计、培训、引导与督促，促使运动员的运动水平在较短时间内得到快速提高的人。山地户外运动员在竞赛中的表现，是检查教练员业务能力水平和在这段时间内训练成绩的体现。教练员以此可以积累大量的实践训练经验，也可以通过运动员优异的竞技成绩提升自己在业界的知名度和权威性。

（七）裁判员

裁判员是指运动竞赛中，依据竞赛规程和竞赛规则评定运动员（队）成绩、胜负和名次的人员[①]。由于山地户外运动竞赛的灵活性和不确定性，裁判员在竞赛中的"执法"水平和能力直接影响运动员技术、战术的有效发挥，也直接影响比赛的结果。能力水平高的裁判员能及时处理山地户外运动赛事中突发的棘手问题，保障山地户外运动赛事通畅运行。裁判员在赛事中可以积累大量的实践执裁经验，提升自身业务能力，为将自己打造成为知名裁判奠定良好的基础。

---

① 马谨. 完善河北省群众体育赛事组织管理的对策研究[D]. 河北大学，2016.

（八）观众

山地户外运动竞赛项目的刺激性、专业性及场地的开放性和多元性，决定了山地户外运动赛事观众的复杂性，有山地户外运动爱好者，有知名运动员的粉丝，有山地旅游观光者，有附近居民等。无论哪种观众，他们观看的目的是都通过观看运动员的精彩表现来获取自身感官的愉悦体验。观众是山地户外运动赛事的重要组成部分，运动员的临场表现与赛场观众的观赛行为密切相关。观众的行为和情绪符合观赛礼仪，运动员就表现得更为突出，山地户外运动赛事的质量也就越高。

（九）志愿者

志愿者是指在不获取任何物质报酬的情况下，为改进社会而提供服务、贡献个人的时间及精神的人[①]。山地户外运动赛事是一项开放型的赛事，一般需要大量的志愿者为之服务。志愿者的主要来源是本地社会爱心人士和在读大学生。也有一些赛事组委会为扩大赛事知名度和影响力，从外地招募相当数量的志愿者。志愿者在赛事举办中从事大量与竞赛有关的公益服务工作，其数量和服务质量从侧面体现了山地户外运动赛事的质量。通常，志愿者在赛前要进行相关的服务培训，掌握服务技能，提高服务质量，提升赛事品质。

（十）媒体

山地户外运动赛事市场开发与媒体之间的关系是密不可分的，媒体的大量报道可以提高公众对赛事的关注度，唤起人们对山地户外运动赛事的关注和激情。媒体可以通过在对山地户外运动赛事的转播和报道，提高媒体的收视率，扩大受众群，进而使媒体获得更多的广告机会，增加收入。山地户外运动赛事作为一项新兴的体育赛事，正逐渐吸引更多的年轻人喜欢和参与这项运动，山地户外运动的普及程度和影响力也正逐渐增大。赛事具有越新的新闻价值，才越具有良好的传播条件，媒体转播的收益也才会越大。

---

① 邱旱炉. 论志愿者和志愿者组织的法律关系[J]. 知识经济，2011（24）：42+45.

第三节　贵州山地户外运动赛事相关市场开发

一、贵州山地户外运动赛事赞助市场开发

（一）　山地户外运动赛事赞助市场开发的概念

山地户外运动赛事赞助市场开发就是山地户外运动赛事运作管理机构充分利用赛事所拥有的资源，通过与赞助方进行市场交换，发挥资源优势，以此增加赛事受益的过程。

（二）　山地户外运动赛事赞助市场开发的资源

1. 有形资产资源

有形资产资源主要包括赛事特许经营产品、比赛场地广告资源、赛事开闭幕式、比赛门票、比赛印刷品广告等。除此之外，还包括举办山地户外运动赛事的场地设施及设备，具体包括山地户外运动赛事举办前后的交通运输设施、医疗卫生设备、安全保卫设施、饮食服务设施和媒体转播设施等。

2. 无形资产资源

无形资产资源主要包括山地户外运动赛事的冠名权，称号使用权，特殊标志使用权，赛事的会徽、吉祥物、奖牌、证书等标志的特许使用权和经营权，广告载体使用权，指定产品（服务）供应权等。

（三）　山地户外运动赛事赞助市场开发的流程

1. 成立赞助市场开发机构

山地户外运动赛事赞助市场开发工作机构一般包括综合处、策划处、项目处、营销处、财务处、赞助商服务处、法律维权处、后勤保障处等。目的是保障赛事赞助市场开发工作顺利进行。赞助市场开发机构应制订详细的赞助实施计划，定期或不定期召开各处联络会，保证各部门信息畅通、互通有无，相互间协调配合，顺利解决困难或难题。

2. 进行赞助市场调查

赞助市场调查的主要对象是观众和赞助方,通过调查来对不同行业、不同性质、不同规模、不同发展阶段的企业赞助山地户外运动赛事的可能性进行分析,进而确定赞助市场开发目标。常用的市场调查的方法有访谈法、问卷法、专家访谈法、实地调查法等。

3. 确定赞助市场开发目标

赞助市场的开发目标受山地户外运动赛事规模和水平制约。如果参与赛事的是本地区的运动员且运动水平不是非常高,举办赛事的目的只是丰富当地人业余文化生活,那么赞助市场开发的目标对象就是当地民众,项目所需资金也只是来自本地区企业赞助。如果山地户外运动赛事的规模很大,且邀请了国内外知名运动员参赛,那么该赛事的市场资源总价值就比较大,可以选择国内外知名企业作为赞助对象,还要考虑企业形象与山地户外运动赛事的吻合度。

4. 设计赞助市场回报

赞助市场回报是指充分对山地户外运动赛事拥有的资源进行分析形成赞助市场回报以满足赞助方需要。在设计赞助市场回报时,要充分考虑目标受众的需求,最大限度地满足赞助方的需求。

5. 撰写赞助市场方案

赞助市场方案通常包括:山地户外运动赛事举办地介绍、赛事简介、目标受众预测、项目受益预测、赞助方的范畴、赞助办法、合作媒体、已有合作意向的赞助商名单等。

6. 推广赞助市场

山地户外运动赛事的市场运作一般要在赛前一年开始,组建赛事筹备委员会,制订赛事运作计划及广泛开展媒体宣传,以此扩大社会影响力,并不断调整赛事市场开发策略。

7. 签署赞助协议

在赞助方形成初步赞助意向,双方进一步磋商达成统一意见后,就应签订赞助协议。协议内容一般包括赞助商与被赞助方的名称、地址和联系方式等基本信息，赛事的主办方、承办方、协办方等名称，竞赛时间、地点等赛事基本信息，赞助方式、赞助金额等，赞助回报，违约及风险责任等，诉讼和仲裁条款，赛事所有者和赞助商法人代表签字盖章等。

8. 实施赞助

赞助实施主要包括赞助回报落实、赞助商接待和礼遇等方面的内容。赞助回报落实是指赛事组织方按照赞助协议，在山地户外运动赛事开赛前将所有硬件和软件设施安排到位，方便赞助商使用。赞助商接待和礼遇指在赛事举办期间要做好赞助商的接待工作，按照协议约定给予赞助商相应礼遇。

9. 总结与评估

在山地户外运动赛事结束后，要及时召开总结评估会议，对工作实施、财务结算、物资处置等做好善后工作，评定赛事赞助计划是否成功完成，向赞助商提供赞助权益回报执行报告，说明赞助效益，做好赞助效益评估。

（四）　山地户外运动赛事赞助市场开发的策略

1. 赞助市场细化策略

赞助市场细化是指根据不同层次消费者的需求，将山地户外运动赛事市场划分为不同细分市场的分割过程。根据与山地户外运动的关联程度，可以把赞助企业划分为山地户外运动产品生产企业、与山地户外运动有关联的生产企业、非体育生产企业等。根据赞助企业的规模层次和地域可划分为跨国企业、国内大型企业、地方企业等。

2. 目标赞助商选择策略

在选择目标赞助商时应根据山地户外运动赛事的级别、规模、影响范围和资金状况，以及赛事举办地的经济、文化、政治、人口等因素进行分析评价后，有针对性地谨慎选择。

3. 资源整合和回报设计策略

山地户外运动赛事赞助回报设计是指赛事组织者将赛事自身资源进行分解组合形成回报产品以满足赞助商需要的过程。赛事组织者要充分立足赛事自身优势资源特色，设计更多更好的赞助回报产品，吸引更多赞助。赛事赞助回报设计的关键是对目标受众有深入的了解，充分发挥想象和创意，找到山地特色资源与赞助企业的对接点。

4. 赞助开发策略

山地户外运动赛事赞助开发策略一般有三个步骤。首先通过登广告、发放合作意向书等进行一般性的宣传，吸引赞助商主动联系接洽；其次通过初选和复选等方式获得可能对山地户外运动赛事感兴趣的企业资料；最后通过电话、邮件、登门拜访等方式与潜在赞助企业进行联系，确定赞助对象。

5. 谈判策略

谈判策略是指在签订赞助合同前双方正式接触，就赞助内容、资金等方面进行深入性的谈判。谈判时，应先做好充分的准备，守住自身底线，还要对目标赞助企业进行深入了解，做到知己知彼，并运用竞争机制增加谈判砝码。

二、贵州山地户外运动赛事媒体市场开发

（一）山地户外运动赛事媒体市场开发的含义

在山地户外运动赛事运作管理过程中，赛事组织者和管理者要不断与电视、报纸、网络和其他媒体合作伙伴广泛接触、协作与互动。山地户外运动赛事需要借助媒体的力量进行推广与发展，因为媒体对赛事的转播与报道，能引起广大观众的关注，增加受众数量和自身价值。

山地户外运动赛事媒体市场开发是指赛事运作管理机构根据赛事媒体资源的分布状况和市场需求，对媒体市场推广、媒体资源与权益的有偿转让和媒体市场管控的工作过程。户外运动赛事媒体市场资源开发的主要内容有赛事媒体市场资源的分析与整合，赛事媒体市场需求与分析，谈判与签订合同，媒体市场开发的执行、监督与评估。

（二）山地户外运动赛事媒体市场开发的意义

1. 增强赛事转播力度，提升赞助效益

山地户外运动赛事媒体市场开发得好，能让更多的观众熟悉赛事信息，主动获取赛事新闻信息和知识，关心赛事，欣赏赛事，增强对山地户外运动

的兴趣，投入山地户外运动中，培养终身体育意识。另外，山地户外运动赛事媒体市场的成功开发，有利于扩大赛事的影响力，能够吸引更多的媒体关注这项赛事，从而提升赛事赞助商的竞争和投入力度，提升山地户外运动赛事的赞助效益。

2. 推广赛事品牌，增强赛事竞争力和影响力

山地户外运动赛事媒体市场开发工作有利于推广赛事品牌，通过电视、报纸、网络等媒体的新闻报道和电视转播，能够最大限度地扩大山地户外运动赛事的受众范围和数量，扩大赛事影响力，吸引更多优秀运动员参与该项山地户外运动赛事，从而打造知名山地户外运动赛事品牌，扩大地区对外影响力。

3. 优化资源配置，筹集赛事资金

山地户外运动赛事媒体市场开发工作有利于优化赛事资源配置，特别是媒体资源配置，实现媒体市场开发资源的交叉协作，优化赛事媒体资源使用率，从而提高山地户外运动赛事媒体市场效益，筹集和积累更多赛事资金，实现山地户外运动赛事市场开发目标。

（三）山地户外运动赛事媒体市场开发的原则

1. 强强联合原则

山地户外运动赛事是近几年新起的体育赛事，已吸引了越来越多的民众参与其中，感受山地户外运动带来的丰富体验。许多山地户外运动赛事逐渐成为优质体育赛事资源，吸引众多媒体前来合作。要想不断强化山地户外运动赛事品牌传播力度和优化品牌推广强度，就必须层层竞标和优中选优，筛选出最佳合作媒体，达到从内容到过程的强强联合，全方位提升山地户外运动赛事的市场认知度和普及度，全面提升山地户外运动赛事的品牌认知和影响力。

2. 丰富性原则

山地户外运动赛事委员会不仅要选强势媒体作为合作伙伴，同时也要与更多的媒体保持合作关系，注重合作伙伴的多元化，丰富媒体的来源及活动类型。多元化媒体合作类型，叫以强化相互间的沟通与公关协作，建立真正

的媒体合作管理，为长期共赢合作局面奠定良好的基础。

3. 时代性原则

山地户外运动赛事媒体市场要紧跟时代步伐和科技进步的脉搏，及时调整和更新合作媒体的来源与媒体形式，不能仅仅依赖与传统媒体的合作关系，还要运用新媒体资源，拓展媒体传播的宽度和广度。例如在手机功能越来越强大的新时代，可以通过手机 APP、公众号、抖音等媒介方式向公众传送山地户外运动赛事信息，从而促进赛事媒体对象来源的时代性和丰富性。

4. 创新性原则

事物是在不断发展变化的，山地户外运动赛事媒体市场也要不断创新发展，以适应赛事内容的变化和观众欣赏水平及审美观念的变化。要不断探寻、思索和开发新的媒体需求，更新媒体展现方式，满足观众的实际需求，提升媒体市场开发的效益。

（四） 山地户外运动赛事媒体市场开发的策略

1. 提供并保障优质信号

无论是电视画面转播还是网络图像直播，都必须做到清晰而流畅，这样才能满足观众收视需求，提高收视率。优质信号的输送需要优质的硬件设备作为后盾，专业高效的影像处理团队来维护，以及高效良好的传输平台和后台服务。

2. 完善并创新媒体服务

在山地户外运动赛事举办期间，每时每刻都有大量的媒体穿插其间，不断发送新闻信息或赛事直播。要想真正把观众吸引在一个频道或一个媒介平台，就需要不断完善与创新媒体服务，做到人无我有，人有我优，这样才能在激烈的赛事运作竞争中脱颖而出并长期占据优势。

3. 实现媒体传播与赞助的互赢

山地户外运动赛事媒体期望赛事委员会能提供更多的权益和服务，同时也期望能在赛事转播中获取更大的商业利益。赛事委员会通过与媒体的合作能够为赛事带来更多的赞助商和广告商，媒体则希望通过成功的赛事转播获取更多的赞助和广告机会，以此实现媒体传播与赞助的互动共赢。

4. 灵活改变媒体市场开发策略

山地户外运动赛事媒体开发是一项基于协议的市场公关和营销活动，而山地户外运动赛事的发展也并非一帆风顺，易受自然环境和市场环境的影响。因此，媒体与赛事组织者的合作关系也不是一成不变的，在赛事媒体市场开发工作中，双方都要坚持灵活的原则与态度，以期使山地户外运动赛事媒体市场开发工作圆满成功。

三、贵州山地户外运动赛事主题活动市场开发

（一）山地户外运动赛事主题活动市场开发的定义

山地户外运动赛事主题活动是指山地户外运动赛事举办前后，以相关主题为线索，围绕主题开展的各项活动与交流。山地户外运动赛事主题活动市场是指山地户外运动赛事委员会立足于本地区赛事所拥有的各种主题活动资源，通过各种市场行为，来增大赛事效益的过程。

（二）山地户外运动赛事主题活动市场开发的意义

1. 丰富山地户外运动赛事的内涵

山地户外运动赛事不是一项单纯的体育赛事，不是纯粹由运动员、教练员、裁判员参与的体育活动，是还有观众、媒体、赞助商等许多主体参与的一项复杂的社会文化活动。开展山地户外运动赛事主题活动，能够彰显山地户外运动赛事的文化特色，激发当地民众对赛事的热情，丰富山地户外运动赛事的内涵。

2. 丰富山地户外运动赛事市场开发资源

单纯的山地户外运动赛事能为赞助商提供的资源是有限的，很难满足赛事正常运营的需要。赛事主题活动能为山地户外运动赛事提供更多的伴生资源，扩大赞助商的赞助范围和路径，丰富赞助方式和内容，也为赛事组委会筹集赛事资金创造了条件。

3. 塑造山地户外运动赛事举办地的赛事氛围

山地户外运动赛事主题活动的开展，能够提升当地民众对赛事的熟知度，

调动他们了解赛事、参与赛事的积极性和热情度；同时也能营造良好的地区赛事氛围，为山地户外运动赛事的成功举办提供前提保障。

4. 宣传推广山地户外运动赛事

山地户外运动赛事主题活动也是一种营销活动，赞助商可以利用主题活动宣传自身品牌，提高品牌效应，宣传赛事理念，展示赛事形象，从而有效促进山地户外运动赛事的推广与普及。

5. 开发推介本地区特色文化资源

山地户外运动赛事主题活动往往都要将本地区特色文化资源展现出来，以此彰显本地区特殊的民俗风情，也能体现山地户外运动赛事的特殊性。通过展示本地区特色文化资源，能够为这些资源的市场开发提供平台，促进商业价值的转化。

（三）山地户外运动赛事主题活动市场开发的原则

1. 合理分配原则

山地户外运动赛事主题活动包含众多可供开发的资源，如节庆、服饰、饮食、建筑、舞蹈、体育等资源，有的可以直接开发推介，有的需要依托当地特色项目推广营销。从赛事组织方和整个赛事主题活动市场开发的角度来看，山地户外运动赛事主题活动的市场开发需要遵循合理分配原则，通过对不同级别、规模、潜力的主题活动匹配不同力度的支持，合理分配资源，实现山地户外运动赛事主题活动市场开发效益最大化。

2. 统筹优化原则

由于山地户外运动赛事主题活动市场资源的多样性，赛事组委会在对山地户外运动赛事主题活动进行开发时要尽量合理统筹，整合优化，尽可能地将可供开发的资源挖掘出来，销售给赞助商，追求资源开发利益最大化。

3. 服务赛事原则

举办山地户外运动赛事主题活动的目的是扩大山地户外运动赛事对外知名度和影响力，同时也为赛事主题活动提供资金支持，在保障山地户外运动赛事主题活动顺利进行的同时，使山地户外运动赛事主题更加鲜明。因此，作为山地户外运动赛事市场开发的一部分，山地户外运动赛事主题活动的市场开发应紧紧围绕赛事举办宗旨，遵循服务赛事的原则，尽量增加赛事的整体收益。

（四） 山地户外运动赛事主题活动市场开发的策略

1. 整合化策略

整合化策略就是从整个山地户外运动赛事的宏观角度出发，将山地户外运动赛事中包含的所有主题活动进行整合，"捆绑打包"出售给赞助商。这样做既可以降低市场开发成本，便于统一调控和管理，也有利于赞助商对自身商品的推广，形成系统性和整体性。

2. 差异化策略

差异化策略主要体现在山地户外运动赛事组织方针对不同的赞助商企业而采用不同的服务策略和权益回报比率。这样做可以根据不同级别赞助商的赞助行为匹配不同的赞助回报收益，实现赞助商服务差异化，保障山地户外运动赛事市场及主题市场开发工作更加顺畅。

3. 推拉式策略

推拉式策略实际上就是"主动+被动"的营销策略，指山地户外运动赛事组织方既要自己主动寻找和联系赞助商企业洽谈合作，也要通过发放赛事主题活动市场营销方案吸引有意向的赞助商主动上门。一般而言，对于规模小、级别和影响力较低的赛事及主题活动，赛事组织方应主动联系赞助商洽谈合作，而对于规模大、级别高和营销力大的赛事及其赛事主题活动可以采用"主动+被动"的营销策略。

第八章 贵州山地户外运动赛事影响评估研究

第一节 贵州山地户外运动赛事影响评估概述

一、山地户外运动赛事评估的概念

评估就是评定或判断价值。对事物进行评估的目的有两个：一是对对象的价值或质量进行整体评价以便进行总结或为决策提供参考；二是通过评估找出问题，并提出解决方案。

山地户外运动赛事评估，就是价值客体对山地户外运动赛事的评估。山地户外运动赛事评估按照赛事阶段顺序可分为赛前评估、赛中评估和赛后评估。山地户外运动赛事影响评估属于赛后评估，主要对赛事举办后的综合效益，如经济、社会、文化、环境、绩效等进行全面评估，这是对山地户外运动赛事价值的整体评价，具有总结性特征。

二、山地户外运动赛事影响的分类

（一）影响领域

山地户外运动赛事影响的领域可分为经济影响、社会文化影响、环境影响等。经济影响是指由于举办山地户外运动赛事而引起举办地区经济总量的净变化，包括 GDP、就业、税收、收入水平等。社会文化影响是指给赛事举办地带来的社会心理、价值观、社会政治方面的影响。环境影响主要指赛事举办对当地生态环境的变化等方面的影响。

（二）影响方式

山地户外运动赛事影响的方式可分为直接影响、间接影响和引致影响三个层次。直接影响是指山地户外运动赛事给举办地带来的资金流动、人员流动、交通设施等方面的变化。间接影响是指山地户外运动赛事结束一段时间后，给当地经济、文化、环境、社会心理带来的进一步影响。引致影响是在山地户外运动赛事直接或间接影响基础上产生的再次影响，这种影响产生的时间长，但影响的程度深，持续时间也长。

（三）影响时效

山地户外运动赛事影响时效可分为短期影响、中长期影响和长期影响等。短期影响是由山地户外运动赛事组织者的行为引起的。中长期及长期影响在时间上没有固定的期限，与短期影响的区别在于长期影响通常不是由山地户外运动赛事组织行为产生的，而是赛事结束后相当长时期的文化、心理等方面的积淀，因此又被称为山地户外运动赛事"遗产"。

（四）影响效果

山地户外运动赛事影响的效果可分为正面影响、负面影响以及正面和负面混合影响等。正面影响包括因山地户外运动赛事的举办给举办地带来的交通改善、就业扩大、环境改善等方面的变化；负面影响包括因山地户外运动赛事的举办带来的当地交通拥堵与管制、环境污染、风险事故、财政压力等方面的变化；混合影响是指山地户外运动赛事的举办给当地造成的正面和负面兼具的影响。

三、山地户外运动赛事影响评估的基本步骤

（一）确定评估主体

山地户外运动赛事主办方应根据自身经济、人员和时间等方面的因素来确定评估主体。赛事评估可以交给山地户外运动赛事主办方设置的评估部门，也可以委托给专业评估机构或评估公司。前者耗资少，方便快捷，主要为中小型山地户外运动赛事评估所用，但主观性较强，评估效果有限；后者耗费高，历时时间长，主要为大型山地户外运动赛事评估所用，能有效避免评估过程的主观性和结果的偏颇性。

（二）进行评估预算

无论由哪一类评估主体进行评估，都需要相应的评估经费来保障评估顺利进行。专业评估机构或公司服务的市场价格较高，赛事主办方组建的评估部门所需评估经费较低。

（三）搜集评估信息

信息搜集是评估的重要基础工作。信息数量的多少和信息质量的高低直接影响评估的真实性和有效性。数据信息的搜集方法一般采用一手资料和二手资料收集，避免信息失真。

（四）分析评估数据

数据分析是整个评估工作的关键。数据筛选、甄别，无效数据剔除，数据分析软件的使用熟练程度都会影响分析结果。另外，单一的数据并不能说明问题，必须将各项数据综合汇总、分析解读才能体现评估价值。

（五）形成评估报告

山地户外运动赛事的评估报告往往以系统、完整的文字或电子文档的形式呈现，文档内容应图文并茂，富有逻辑性、富有说理性。

四、山地户外运动赛事影响评估指标体系

（一）运作指标

运作指标主要包括赛事运动能力、赛事管理能力、赛事监督能力、赛事模式、赛事知名度等维度。

（二）经济指标

经济指标主要包括赛事经济收益、销售收入、资产运营收入、GDP 增长率、财政收入、居民收入、就业水平等维度。

（三）环境指标

环境指标主要包括环保投入、环保过程、环保产出、环保影响、环境改善、环境破坏、资源消耗等维度。

（四）社会指标

社会指标主要包括基础设施的改善、文化氛围的提升、居民生活质量的提高等维度。

（五）心理指标

心理指标是在上述四个指标体现变化的基础上形成的主观感受，主要包括公众满意度、居民自豪感、居民生活幸福指数等维度。

第二节　贵州山地户外运动赛事经济影响评估

一、贵州山地户外运动赛事经济影响概述

贵州山地资源丰富，为山地户外运动赛事的举办提供了天然的地理条件。各地竞相举办类型多样的山地户外运动赛事，虽然前期投入较大，收益不好，但依然矢志不渝地坚持办下去，就是坚信山地户外运动赛事能促进贵州旅游产业发展、提高城市知名度和提升居民生活质量等。其中，山地户外运动赛事将来能为举办地带来巨大经济收益，无疑是政府坚持举办山地户外运动赛事的主要动机之一。山地户外运动赛事的举办能够吸引众多境外或国内其他地区山地户外运动员、爱好者、观众和游客涌入赛事举办地，并给赛事举办地的经济体系带来新的消费，从而产生新的财富收入。

山地户外运动赛事的经济影响是指由于举办了一场或系列山地户外运动赛事而引起的该地区经济总量的净变化。山地户外运动赛事的经济影响主要表现在区域性投资、消费以及各种商贸活动方面的变化，并直接或间接对赛事举办地的财政、收入、就业等方面产生一系列的影响。

二、贵州山地户外运动赛事经济影响的内容

（一）赛事资金流动

山地户外运动赛事运作资金除了当地政府支持部分，还有相当一部分资金如电视转播费、赞助费、门票等，都会成为山地户外运动赛事运作的成本，并注入本地区经济系统中。

（二）赛事额外消费

山地户外运动赛事额外消费是指本地区的赛事相关群体给赛事举办地带来的额外消费，如前来参赛的运动员、教练员、赛事官员、境外观众、山地户外运动爱好者及旅游观光者等，他们的到来能为山地户外运动赛事举办地带来额外的消费。

（三）赛事经济收益

山地户外运动赛事经济收益是指在山地户外运动赛事举办中出售电视转播权、赞助权、门票等的经济收入额，减去山地户外运动赛事举办成本后的收益。山地户外运动赛事经济收益能很好地体现山地户外运动赛事质量和对外影响力。

（四）地区 GDP 增长

GDP（Gross Domestic Product）是指在一定时期内，一个国家或地区的经济中所生产出的全部最终产品和劳务的价值，被公认为是衡量国家或地区经济状况的最佳指标①。山地户外运动赛事拉动举办地 GDP 增长是一个长期的动态过程，在赛事举办前期主要变现为基础设施和设备的投资；在赛事举办中期表现为赛事相关人员带来的消费；在赛事后期表现为因山地户外赛事举办而引起的举办地的知名度和影响力带来的商业投资及旅游消费等。

---

① 江倩雯. 全球价值链下亚太自由贸易区的贸易效应研究[D]. 东南大学，2017.

（五）居民收入水平

山地户外运动赛事举办带来的居民收入水平变化可分为直接和间接两种。直接变化主要体现在因举办山地户外运动赛事而带动相关产业销售量增长，从而增加这些产业工作人员的工资收入。间接变化主要体现在举办山地户外运动赛事相当长一段时期后，举办地经济水平上升带动居民收入水平上升。

（六）当地就业水平

山地户外运动赛事举办带来的就业水平的变化分为短期和长期两种。在赛事举办过程中所创造的就业岗位是短期的，它随赛事的结束而解散。由于举办山地户外运动赛事而使举办地相关产业发生"结构"性的变化，如餐饮、住宿、交通等，就会对就业产生长期影响。

三、山地户外运动赛事经济影响评估办法

（一）投入-产出分析

投入-产出分析是通过运动与投入产出表来计算山地户外运动赛事的经济影响。投入-产出模型有同质性假定和比例性假定两个基本假定。投入-产出分析法需要以大量真实、准确、有效的数据作支撑。

（二）成本-收益分析

成本-收益分析是通过对山地户外运动赛事长期经济价值和影响进行研究，来确定项目的预期成本与收益。成本-收益分析的主要目的是确定所有可以量化的因素，然后建立一个成本与收益的总体框架[①]。

（三）乘数分析法

乘数分析法可以用来表明经济运行中不同经济变量之间的函数关系。这种方法通常用于山地户外运动赛事前期经济影响评估。

---

① 张林，黄海燕. 体育赛事经济影响评估研究[J]. 体育科研，2011，32(2)：70-73.

（四）网络分析

网络分析是一种适应非独立的递阶层次结构的决策方法①。网络分析将系统元素划分为控制因素层和网络层两大部分。进行评估时，需要使用一系列关键数据资料，这些数据包括经济、环境、社会等多个方面。

（五）社会福利影响分析

社会福利影响分析常用来衡量山地户外运动场馆对地区经济的影响。社会福利影响分析操作简单、灵活，能够运用于赛事举办的赛前、赛中及赛后时期。这种分析方法非常依赖潜在的假设，分类方法和假定资料非常难找。

第三节　贵州山地户外运动赛事环境影响评估

一、山地户外运动赛事环境影响概述

山地户外运动赛事的举办对自然环境具有极强的依赖性。山地户外运动赛事对举办地环境影响的领域很多，它既要借助特有的山地户外资源开展山地户外运动，又会对举办地山地户外资源产生影响并形成连锁反应。我们既要充分利用"青山绿水"来打造"金山银山"，利用山地户外运动赛事创造经济效益，同时也要意识到山地户外运动赛事的举办也会对赛事举办地的环境产生一系列的负面影响，如环境破坏、资源消耗、大气污染等。要协调山地户外赛事与自然环境的关系，以环境带赛事，以赛事促环境，使环境和赛事共生共荣、协调可持续发展。

二、山地户外运动赛事环境影响的内容

（一）环境改善

早在 20 世纪 90 年代，环境保护就已经成为国际奥委会特别关注的问题，他们期待能通过举办赛事来促进环境保护和治理，并增强当地居民的环保意

---

① 邓玲丽. 品牌生态宜居城市评价体系研究[D]. 武汉理工大学，2013.

识。山地户外运动赛事可以通过两种途径来促进自然环境改善：一是提升区域环境综合质量。贵州山地资源丰富，但由于其地质构造的特殊性，生态环境极其脆弱，一旦遭到破坏，可能需要数十年甚至上百年时间来恢复。利用举办山地户外运动赛事的契机，制订一系列环境保护计划与措施，并对区域环境进行一定程度的综合治理。二是提升山地户外运动赛事举办地居民的环境保护意识，通过开展环保宣传活动，激发公众对提升环境质量的激情，鼓励居民积极参与环境治理工作，从自身做起，努力参与到环保城市、文明城市建设中。

（二）环境污染与破坏

山地户外运动赛事的负面环境影响主要表现在两个方面：一是为举办山地户外运动赛事而进行的基础设施建设，如道路铺设、场馆建设、污染材料的使用等，都会对当地生态环境系统造成影响，主要表现为树木砍伐、植被破坏、绿地减少、地质地貌污染与破坏等。二是山地户外运动赛事举办期间大量运动员、教练员、观众、新闻媒体等的到来，使举办地人口数量短时间内急剧增加，有时甚至远远超过赛事举办地的承受度，对举办地环境造成一定的污染和破坏，主要表现为二氧化碳气体排放量增加、水资源的消耗与污染、噪声污染、固体废弃物排量增加等。

（三）资源消耗

山地户外运动赛事需要消耗大量的水、电等能源。因为在赛事举办前后，交通工具、办公设备、照明设施、场地安全维护、视频准备等各方面都需要大量的开销。如山地户外运动赛事需要的水包括饮用水、清洁用水、工程用水、洗漱用水等，如果没有一个有效的节水措施和高效的净化处理设施，势必会造成水资源的浪费。山地户外运动赛事的另一个大量消耗是电力消耗，而电力消耗被公认为是在赛事中最大的消耗。

三、山地户外运动赛事环境影响评估方法

（一）指数法

山地户外运动赛事对环境的影响评价常采用能代表环境质量好坏的环境质量指数进行评估。常用的评估方法有单因子指数评估、综合因子指数评估

和巴特尔指数评估方法。单因子指数评价是先引入环境质量标准，然后对评估对象进行处理，通常以实测值与标准值的比值作为其数值；综合因子指数评估是将大气环境影响指数、水体环境影响指数、土壤环境影响指数、总体环境影响指数等各因子综合起来分析，其思路是将利用层次分析法计算的权重和模糊评判法取得的数值进行累乘，然后相加，最后计算出经济效益指标的综合评价指数[①]。巴特尔指数评估法是把评价对象的变化范围定为横坐标，把环境质量指数定为纵坐标，且把纵坐标标准化为 0 ~ 1，用"0"表示质量最差，"1"表示质量最好。

（二）矩阵法

矩阵法是指通过矩阵及运算来进行经济预测和决策的方法，将开发行为与受影响的环境要素构成一个矩阵，并建立两者间的直接因果关系，以定量或半定量地说明拟建工程行为对环境造成的影响。常用的矩阵法主要有相关矩阵法和迭代矩阵法两种。相关矩阵法是在横轴上列出工程各项开发行为清单，在纵轴上列出环境影响要素清单，把两种清单组成一个环境影响识别的矩阵。迭代矩阵法是将山地户外运动赛事工程开发行为和基本环境因素列清单后合成一个关联矩阵，进行系统比对，找出开发行为对某环境因素造成的影响，进行影响评价后再进行迭代的评价方法。

（三）图形叠置法

图形叠置法是将一套环境特征图叠置起来，做出一张复合图来表示地区的特征。对每一种要评价的因素都准备一张透明图片，每种因素的受影响程度可以用一种专门的黑白色码的阴影的深浅来表示，根据图上特定阴影的深浅来判断受影响的环境特征及受影响的相对大小。这种方法使用较简单，便于做宏观分析，但定量程度差，可用来预测和评价某一地区适合开发的程度、识别供选择的地点或路线。

（四）网络法

网络法又称关系树法或影响树法。由于山地自然环境是一个复杂的系统，

---

① 陈昱霏．基于 BP 神经网络的微博营销效果实证研究[D]．西华大学，2013．

一个社会活动可能产生一种或几种环境影响，继而又会依次引起一种或几种后续条件的变化。利用网络法可以表示一项社会活动的原发性影响和继发性影响，用以鉴别和积累直接的、间接的影响。

（五）动态系统模拟法

要评估山地户外运动赛事对环境的影响，就要分析它给区域环境这个动态、非平衡系统带来什么变化，能使平衡点偏移到什么程度，要采取什么措施给予补偿，使其对当地生态平衡影响最小或最有利于建立优质环境的生态系统。动态系统模拟法要综合分析各因素的复杂关系，用数学模型表达出来，在计算机上进行数学模拟。动态系统模拟法是一种先进的综合分析方法，但运行成本高，需要花费大量的人力、物力和财力。

第四节　贵州山地户外运动赛事社会文化影响评估

一、山地户外运动赛事社会影响概述

山地户外运动赛事的社会影响指赛事给举办地的社会文化、社会心理、社会政治等方面带来的影响。这类影响往往不是赛事带来的直接影响，而是一种间接甚至引致影响，需要相当长时间的发酵与升华，逐渐潜移默化到当地民众的心中，持续时间长，影响程度深。这类影响不像前面所说的经济影响和环境影响可以用量化的方式进行评估，更多的是一种主观的感受与认知。国内外众多学者和专家普遍认为，这一影响的内容涉及赛事举办地形象、社会文化氛围、居民态度、居民生活质量、公众行为及美感的改变等。从影响的作用性质来看，山地户外运动赛事的社会文化影响包括积极影响和消极影响两种。

二、山地户外运动赛事社会文化影响评估内容

（一）城市形象

城市形象是指城市内部与外部公众对城市的内在实力、外显活力及发展

前景的具体感知、总体看法和综合评价①。城市形象由"硬件"和"软件"两部分构成,"硬件"包括城市外在形态、城市建筑、城市道路、城市风格、城市布局、城市绿化、城市卫生等;"软件"包括城市中历史内涵、城市文明风尚、城市政府形象、市民行为、市民生活观念、市民时尚等。

(二)社会文化氛围

社会文化氛围是与赛事举办地居民生产和生活实际紧密联系,由当地居民长期创造,具有地域性、民族性和群体性特征,并对社会群体施加各种影响的文化现象和文化活动的总称。社会文化氛围包含赛事举办地的历史文化、民族文化、宗教文化、民俗文化、特色文化等。

(三)居民生活质量

生活质量是人们在满足自身精神生活和物质生活的基础上,提高居民生活的充分程度和居民生活需求的满足程度,包括居民对自身及社会环境的认同感。居民生活质量包括经济方面(居民收入水平和居民消费水平等)和社会方面(居民生活、城镇公共设施、教育文化情况、医疗健康情况和社会安保等)。

(四)居民幸福感

居民幸福感是指赛事举办地居民基于自身的满足感与安全感主观产生的一系列欣喜与愉悦的情绪。居民幸福感与其家庭生活、工作满意度、健康状况、教育资源、医疗环境等方面的认知状况相关。

(五)民族自豪感

民族自豪感是指对本民族的历史文化、传统精神、价值取向、现实状况、未来发展等表示高度认同、充满信心和乐观主义精神的情感②。开展山地户外运动赛事能够将贵州多彩的民族特色元素挖掘开发并发扬光大,能大大增强

---

① 吴榕. 影像文本中的成都城市形象的建构与传播策略研究[D]. 电子科技大学,2011.

② 周杨. 全球化视域下民族自信心的构建[D]. 辽宁师范大学,2016.

当地群众的民族自豪感。

（六）地域认同感

地域认同感是指一地区的居民对地域、地点的特殊关联性，这种关联性包括文化、价值、意义的认同。通过开展山地户外运动赛事，能够提高赛事举办地的知名度，树立良好的口碑，提高当地居民荣誉感，增强地域认同感。但是，如果山地户外运动赛事举办失败，或者出现重大事故，就会降低居民的地域认同感。

三、山地户外运动赛事社会文化影响评估方法

（一）问卷调查法

问卷调查法是根据调查目的和任务把研究问题通过问卷的形式向调查对象收集研究资料和检验事实的方法。问卷可以采用现场集中发放、填写与回收，也可用邮寄问卷、网络问卷、报刊问卷、电子邮件、个别分送或集体分发等多种方式。调查方式对调查问卷的回收率影响很大。一般而言，访问问卷的回收率最高，送发问卷、电子邮件、邮政问卷、报刊问卷的回收率依次降低。

（二）访谈法

访谈法是调查者通过有计划地与调查对象通过口头交谈等方式来搜集资料的一种方法。访谈法具有双向性、交往性的优点。访谈前要准备好相关的访谈资料，选择合适的访谈对象、时间、地点和场合，包括接近被访问者、提出问题、听取回答、引导追询等环节。

（三）德尔菲法

德尔菲法，又称专家调查法，是调查中针对某些问题向相关专家进行咨询调查，依靠专家的专业知识、实践经验和创造性思维，采用系统的逻辑方法和匿名问卷的形式，分别对研究对象进行分析评估，从而获取客观、可靠的意见与信息。德尔菲法有三个特点：一是采用匿名的形式，克服了专家会议受心理因素影响的特点；二是德尔菲法一般要经过 $3 \sim 4$ 轮的函询，能摒除

大量无效信息；三是采用统计方法对结果进行处理，定量评价预测结果。

（四）SWOT 分析法

SWOT 分析法，就是通过研究山地户外运动赛事对当地社会文化影响的优势、劣势，外部的机会、威胁等，进行深入调查后列举出来，并依照矩阵形式排列，运用系统分析的方法，将各种因素结合起来加以分析，权衡利弊，得出结果。

第九章　贵州山地户外运动赛事发展策略

作为撬动贵州经济发展重要杠杆的贵州山地户外运动赛事，对贵州经济发展的贡献力也越来越大。本课题从贵州基本保障与基础建设方面、贵州山地户外运动赛事体系构建方面、区域联动机制应用于实践方面和融合贵州"体育+N"大战略等方面提出相应的发展策略，以期对贵州山地户外运动赛事的发展能起到绵薄之力，促进贵州山地户外运动赛事又好又快发展。

第一节　基本保障与基础设施建设策略

一、整体科学规划，统筹协调发展

贵州山地资源丰富，各个地区都具备举办相应山地户外运动赛事的条件，但由于贵州省大部分地区山地资源特征高度相似，如果各地区只考虑自身地区特色一拥而上举办山地户外运动赛事，势必会造成赛事资源浪费，也易造成地区间山地户外运动赛事的不均衡发展。另外，各地区的经济条件、文化特色、交通设施和知名度差异也很明显，山地户外运动赛事的规模、质量、特色和品牌影响力也有很大差异。省级相关部门应从全省整体出发，合理分析各地区山地户外运动资源的优势与劣势，科学评估各地区举办山地户外运动赛事的综合能力，正确判断贵州近期开展山地户外运动赛事项目的选择性。在山地户外运动赛事的举办上，全省要形成"一盘棋"的格局，从宏观上总体布局，科学规划各地州市优势山地户外运动赛事，倾力打造对外有影响力、特色鲜明的山地户外运动赛事，避免举办低水平的、重复性的山地户外运动赛事项目。山地户外运动赛事的规划应从长远考虑，一项知名的山地户外运动赛事的打造需要相当长的历史沉淀，应做好长期谋划，系统举办打算，不要轻易放弃。各地州市也要相互统筹协调，相互分工与合作，做到优势互补，从整体上促进贵州山地户外运动资源的开发和山地户外运动赛事的举办。

二、深化体制改革，提高服务质量

政府举办山地户外运动赛事的目的是通过赛事品牌扩大对外影响力，吸引大量外地游客赴黔旅游，促进贵州旅游产业发展，促进地区文化交流，吸引外商投资，推动贵州经济快速发展。但是，山地户外运动赛事品牌的打造是一个长期系统的过程，如果只靠政府投入势必会增加政府负担，长此以往将不堪重负。政府应该深化体制改革，进一步简政放权，鼓励民间组织申办户外体育赛事，或者从政府包办逐步转向多方参与，积极吸纳社会力量参与山地户外运动赛事的组织与管理。加大改革力度，通过政策创新、技术创新、观念创新和服务创新，不断优化政府机构职能，最大限度地释放市场潜力。进一步强化政府公共服务职能，切实做好赛事的监管与服务工作，全方位提升山地户外运动赛事质量。

三、扩大对外宣传，提升城市形象

山地户外运动赛事品牌的打造是一个长期的过程。加大对外宣传能提升山地户外运动赛事的品牌力，反过来山地户外运动赛事的品牌力也能起到对外宣传的作用。通过多种媒介向外展示贵州特有山地户外运动资源，不要"养在深闺人不知"，而要敢于将多彩的山川景色呈现给世人，让更多的山地户外运动爱好者知晓贵州的山水风貌，吸引他们纷至沓来参加山地户外运动竞赛。城市形象是一个地区的标杆，通过积极向外推介本地区特色产业优势项目，不断扩大对外影响力和知名度，树立正面城市形象，为知名山地户外运动赛事的打造起到良好的助推作用。

四、完善交通设施，保障交通便捷

贵州地处我国西南腹地，省内山多河众，自古以来交通就非常不便。近年来，高速公路、高速铁路和航空运输业的高速发展大大改善了贵州的交通状况，但省内外的交通依然不够便捷，许多省外运动员和观众需要辗转才能抵达赛区，以致花费太多的时间精力。因而要进一步完善省内外交通网络，加强与外省的交通连接，尤其在高铁和航空方面要大大加强与省外城市的连接，打造省会城市重要枢纽功能。进一步完善省内交通设施，缩短地区间交通时长，开通举办城市与赛区间的快捷通道，缩短运动员交通时长。

五、优化资源配置，加强赛区建设

近年来，贵州经济发展迅速，但由于基础薄弱，虽然可以利用"后发优势"加大对山地户外运动赛事的投入，但其人力资源、物力资源、财力资源、技术资源、环境资源和政策资源等还相对匮乏，地区间分配亦不均衡，难以充分发挥"以运动赛事带动经济发展"的作用。因此，我们应把有限的"钢"用在"刀刃"上，依据地域优势、文化优势、生态优势等来协调优化资源配置，加强山地户外运动赛区硬件和软件建设，重点打造品牌户外运动赛事，形成较强的对外辐射力，从而整体提升赛事品质。品质的提高会改善下期赛事的规模和效应，使资源配置更加合理和优化，从而形成"优化资源配置—提升赛事品质—资源配置优化"的良性循环，最终形成有层次、有阶段、有轻重的山地户外运动赛事资源配置。

六、融合民族文化，打造特色赛事

贵州有两个多彩性，一个是生态环境，另一个是民族文化。多彩的生态环境为山地户外运动赛事的打造打下了良好的物质基础，多彩的民族文化能为山地户外运动赛事赋予丰富的人文内涵。近年来，贵州开展的山地户外运动赛事较多，种类繁多，地域特色显著，但一些山地户外运动赛事缺乏人文内涵，地方民族特色山地户外运动赛事数量很少。要充分挖掘少数民族文化中的饮食、服饰、建筑、节庆、习俗、体育等文化内涵，将其融入贵州山地户外运动赛事的各个环节，开发山地民族传统体育项目，打造地方民族特色山地户外运动赛事项目，形成独特的贵州民族特色山地户外运动赛事。

第二节　山地户外运动赛事体系构建策略

一、山地户外运动赛事申办的适宜性与选择性

山地户外运动赛事的举办应紧紧围绕地方山地地理特征，科学规划，谨

慎选定适合本地区经济、文化发展的山地户外运动赛事项目。山地户外运动赛事的开展应以自然山地环境为载体，在开发山地户外运动资源时应最大限度地保持山地原始特征，尽可能少的或不去破坏它的原始风貌，要充分发挥山地自然资源特色优势，因地制宜地开展山地户外运动赛事。筹办时，不能盲目追求高、大、上的赛事，急于扩大赛事对外影响力，应量力而行，科学规划赛事规模、级别，充分体现山地户外运动赛事举办宗旨。

二、山地户外运动赛事举办主体的权威性与多样性

当前，贵州山地户外运动赛事基本上都是由当地政府主办，这样的举办方式对山地户外运动赛事举办初期非常有益。因为在赛事前期阶段需要大量的人力、物力、财力、时间、科技等成本，投入大，产能少，会使许多社会企业单位望而却步，不敢投资举办。政府主办山地户外运动赛事，能依靠政府权威募集资金、吸引投资，能够持续推动山地户外运动赛事健康发展。但是，如果长期只依靠政府主办山地户外运动赛事，就容易使山地户外运动赛事失去活力，很难形成良性的市场竞争机制。因此，在山地户外运动赛事发展成熟、进入良性运行阶段后，可将举办权转移或出售给社会企业，也可鼓励支持社会企业投资举办山地户外运动赛事，多方参与，竞争主办，有利于形成良性的市场竞争机制。

三、山地户外运动赛事设计的创造性与独特性

贵州山地户外运动资源虽然丰富，但许多地区的山地资源特征具有高度相似性。具有同样地域特征的地区开展同样的山地户外运动项目，就容易引发山地户外运动赛事"同质化"问题，很难吸引外地高水平运动员参与。对具有相同或相似地质条件的山地户外运动资源，可以创造性地设计开发一些山地户外运动项目，融合当地人文历史特色，形成独具特色的山地户外运动赛事。对于相同或相似的山地户外运动项目，要着重从品质上下功夫，做到"人优我更优"，从而走在同类山地户外运动项目的前端。不断完善山地户外运动赛事品质，不断创造创新特色山地户外运动项目，逐渐形成"一地一品""一项一品"的贵州山地户外运动赛事发展良好局面。

四、山地户外运动赛事特色的地方性与民族性

贵州山地户外运动赛事特色打造，既要立足地方，依托当地特有的自然山地环境合理选择山地户外运动竞赛项目，又要依据贵州典型的地理位置、海拔高度、气候特征、人文历史、风土人情，结合贵州的夜郎文化、屯堡文化、土司文化以及17个世居少数民族的多彩民族文化特色，将这些特色元素融入山地户外运动项目中，打造出具有地方特色与民族特色的山地户外运动赛事。另外，还要突破传统山地户外运动项目的局限性，充分挖掘、分析本省少数民族传统体育资源，找出符合山地户外运动特征的贵州民族传统体育项目，融入山地户外运动中，开发出具有本土特色的山地户外运动项目。

五、山地户外运动赛事项目的娱乐性与竞技性

山地户外运动项目具有娱乐性和竞技性等特征。山地户外运动的娱乐性可以吸引大量业余运动员，尤其是本地运动员的参与，有利于激发当地人参与山地户外运动的激情，推动全民健身事业稳步向前发展，也有助于扩大山地户外运动赛事规模；山地户外运动的竞技性能够吸引国内外知名专业运动员前来参加竞技，从而提高山地户外运动赛事品质，扩大对外影响力，树立品牌效应。在举办山地户外运动赛事时，要充分考虑赛事的娱乐性与竞技性，既要举办娱乐性的赛事，又要举办竞技性的赛事，以娱乐性带动竞技性，以竞技性推动娱乐性，两者相得益彰，助推全民山地户外运动蓬勃开展。

六、山地户外运动赛事路线的难易性与串联性

山地户外运动赛事的路线特征能很好地反映山地户外运动赛事的风格。由于国内外山地户外运动员的竞技能力有很大差异（国内很多选手的竞技水平普遍低于国外优秀职业运动员），如果一味地增加难度，可能会对国内运动员造成伤害，打击其参赛的积极性，而如果赛事难度太小，国外运动员的优势就更加明显。因而在山地户外运动赛事路线的设计上，要充分考虑国内外选手水平差异，设计出双方运动员都能接受的、可行的赛事路线；同时，还要有一定的挑战性，既能保障国内运动员参赛的积极性，又能激发国外运动员的挑战性。贵州山地户外运动赛事路线设计要充分考虑本土地理、人文特色，尽可能将区域内旅游景点、特色小镇、民族特色建筑有机串联起来，将民族文化元素有机融入赛道、路线标识、起点与终点、补给站点等建筑中，

形成空间叠加效应，突出贵州特色。

七、山地户外运动赛事举办时间的时令性与联动性

贵州山地户外运动赛事举办时间大多在每年的下半年，这和全国其他地区山地户外运动赛事举办时间一致。但是贵州相对于我国中东部发达地区，交通运输方面劣势明显，如果都在同一时段举办山地户外运动赛事，大多数运动员会选择到交通便捷的地区参赛，以致出现贵州山地户外运动赛事运动员数量少和水平低的现象，难以真正体现赛事水平和级别。贵州气候的最大特征是"冬无严寒，夏无酷暑"，尤其是在夏季，我国大部分地区笼罩在炎炎酷暑之中，贵州却呈现出"爽爽"的清凉姿态。如果在这一期间举办山地户外运动赛事，就能吸引更多的省外运动员前来参赛。另外，还可以在贵州重大民俗节庆期间举办山地户外运动赛事，既能扩大山地户外运动赛事的对外影响力，又能形成"旅游+运动"的效益。各地区在举办山地户外运动赛事时，要尽量避免在同一时段举办多项山地户外运动赛事，要形成时间上的联动性，在不同的时段相继举办山地户外运动赛事，形成赛事连锁效应。

八、山地户外运动赛事举办过程的连贯性与系统性

山地户外运动赛事从启动、计划、控制、组织与实施到收尾是一个系统性的连续过程，过程中的每一环节都非常重要，不可忽视或弱化某一个环节。在赛事启动环节要全方位评估与论证，对赛事举办进行 SWOT 分析；在计划环节要对赛事进行合理的理论规划与设计；赛事的控制环节贯穿于赛事的全过程，能够保证各项行动按照计划进行；组织与实施环节包括赛前和赛事过程管理，对赛事的成功举办至关重要；在赛事收尾环节一定要及时进行总结评价，妥善处理利益群体的相互关系。山地户外运动赛事一般都是每年定期举办，每一次赛事举办都应从根源上杜绝可能出现的失误，从而保障赛事顺利通畅进行。

九、山地户外运动赛事经费来源的广泛性与专一性

山地户外运动赛事经费来源一般有政府财政拨款、彩票公益金、社会企业赞助、社会捐赠、金融机构融资、门票、广告收入等。目前，政府财政拨

款是非商业体育赛事经费的主要来源之一，但今后随着赛事数量的增加，政府对户外运动赛事的拨款将会逐步减少，赛事的发展将更多地依靠社会力量，尤其是企业赞助。因此，除了稳定的政府拨款，赛事举办方还要积极寻求赞助商合作，拓宽经费来源渠道，广泛募集山地户外运动赛事经费。而在选择社会企业合作对象时，也要充分考虑企业的社会形象和服务对象，尤其是对赛事冠名的企业，一定要尽可能地选择具有正面社会形象的企业，从而充分保障赛事的名誉权。在此基础上与合作企业达成长期合作关系，实现山地户外运动赛事和企业发展双赢的局面。

十、山地户外运动赛事后勤保障的最佳性与应急性

山地户外运动赛事的后勤工作包括交通、餐饮、住宿、安保、供水、供电、医疗、通信、气象等方面，涉及的对象有运动员、教练员、裁判员、技术官员、志愿者、医护人员、安保人员及场地器材等。山地户外运动赛事的后勤保障工作贯穿于赛事全过程，是山地户外运动赛事成功举办的关键，也是山地户外运动赛事科学管理的要求。在构建山地户外运动赛事后勤保障体系时，应以人为本，以时间顺序为主线，以资源配置为重点，以认真落实为关键，以主方案、备选方案、应急方案来应对。在竞赛过程中，后勤保障组成员应各司其职、各负其责，协调配合，协力推进后勤保障各项工作，能从容应对赛场内外出现的突发事件，打造最佳后勤保障体系。

十一、山地户外运动赛事人才培养的专业性与全面性

山地户外运动人才包括运动员、教练员、裁判员、志愿者、医疗救护人员、救援人员、赛事管理人员、赛事策划人员等。近年来，贵州山地户外运动赛事举办频繁，但山地户外运动赛事人才数量和质量远远不能满足山地户外运动赛事的需求。应立足本省，全方位培养相当数量的高质量山地户外运动人才，将其充实到山地户外运动赛事中，不断提升赛事质量和水平。可以采用"请进来和走出去"的策略，一方面聘请国内外山地户外专家赴黔培训指导；另一方面派人员到省外山地户外运动发展较为成熟的地区学习，不断壮大山地户外运动人才队伍，提高山地户外运动人才质量，为贵州未来山地户外运动赛事的蓬勃开展奠定良好基础。

十二、山地户外运动赛事安全救援体系的先进性与科学性

山地户外运动赛事举办地点一般距离市区较远，地形相对复杂，赛道也有很大的安全隐患，因而必须建立科学高效的安全救援体系，才能保障山地户外运动赛事成功顺利举办。要打造安全急救网络，应对山地户外运动参与者进行信息管理和行迹追踪，建立便利、全覆盖的山地户外救援服务体系；建立山地户外运动赛事赛区风险等级信息库，及时更新赛区及周边地区的天气状况、交通管制情况等，完善赛道的安全警示、导视标识、服务指南、紧急救援、消防、安全防护等方面的标识信息；加强山地户外运动救援队伍建设力度，强化预警、控制、救援、装备、保险应答演练，建立先进的综合救援机制，建设安全防护装置、预警装置、紧急庇护所、应急救援装置、救援队等装备，建立和完善科学的救援、医疗、运输一体化的全方位的水陆空应急救援服务体系，保障赛事安全救援体系的先进性与科学性。

第三节 区域联动理论应用与实践策略

一、区域分工与合作模式应用与实践

近年来，贵州山地户外运动赛事举办数量在全国首屈一指，赛事对外影响力不断扩大，知名度也节节攀升。但省内山地户外运动赛事数量区域分布不平衡，赛事质量参差不齐，许多地区举办山地户外运动赛事还是各自为政。这样发展下去对全省整体山地户外运动赛事的发展是极为不利的。全省应统筹安排、相互协调，从全局对山地户外运动赛进行合理规划，各地区间应互有分工、相互合作、取长补短，共同推动贵州山地户外运动赛事蓬勃发展。

二、点-轴辐射联动模式应用与实践

贵州有的城市已积累了十几年的山地户外运动办赛经验，赛事已趋于成熟，而周边有的城市或地区已具备举办山地户外运动赛事的条件，但由于各种原因一直没有发展起来。可以通过"对口帮扶"的方式，让山地户外运动赛举办好的城市帮助山地户外运动赛事举办不成熟的城市，形成"点-点"联

动模式。在"点-点"联动的基础上，逐渐将点连成轴，通过"轴"的辐射作用推动周边地区山地户外运动发展。通过点-点、点-轴、轴-面的联动，逐步推动贵州山地户外运动赛事全面铺开，形成全域山地户外运动发展的趋势。

三、区域空间联动模式应用与实践

贵州山地户外运动资源丰富，各个地州市都具备举办优质户外运动赛事的条件，如果各地区同时举办相同性质的户外运动赛事，或在同一时间段内举办性质不同的赛事，都有可能造成运动员和观众分流，以致影响山地户外运动赛事的规模及对外影响力。省内各地州市或县乡镇应建立空间联动模式，从政策和时间两方面联动。各地区制定山地户外运动赛事发展政策或策略时，可以通过对赛事项目、级别、规模、参赛条件的限制，形成既相互独立又相互关联的赛事体系。山地户外运动赛事举办的时间也要相互联动，尽量避免同一个时段在多个地区举办多项山地户外运动赛事，造成运动员分流，影响山地户外运动赛事规模和质量。

四、区域产业联动模式应用与实践

山地户外运动赛事是贵州体育产业的重要组成部分。山地户外运动赛事产业的发展不仅能够推动其他相关体育产业的发展，同时与山地旅游、民族文化、交通运输、餐饮住宿等产业之间具有很强的关联性和互补性。山地户外运动赛事与这几大产业之间的相互联动，能够促进区域内产业间的供需合作，促进区域内产业的协调发展。不同产业间可以发挥优势互补作用，通过产业联动发展来发挥产业的带动作用，以提升地区综合实力和竞争力，促进区域产业协调发展。

第四节 实现"山地户外运动+N"战略融合发展策略

一、"山地户外运动+文化"融合发展策略

贵州山地户外运动赛事的蓬勃发展势必给贵州特色文化发展创造契机，反过来贵州特色文化亦能为贵州山地户外运动赛事的发展注入浓郁的人文气

息，有助于形成贵州民族特色山地户外运动赛事品牌。贵州文化丰富多彩，有"古色"的历史文化、"原色"的民族文化、"绿色"的生态文化、"红色"的军事文化和"多彩"的当代贵州文化。这些历史悠久、源远流长、底蕴深厚的文化，反映了贵州人民在不同的历史时期所特有的生活方式、风俗习惯、生活观念和精神价值。随着现代化进程的快速推进，许多优秀的传统文化已经消逝或正在消逝，"保护文化遗产，守望精神家园"已经成为全社会的共识。山地户外运动赛事为贵州优秀传统文化保护与传承提供了良好的物质平台，可以将山地户外赛事开闭幕式、举办地点、举办风格、宣传口号、赛道路线、服饰着装等方面与贵州优秀传统文化有机地融合在一起，既能打造出贵州特色山地户外运动品牌赛事，也能为贵州传统优秀文化的保护、传承、发展、发扬提供一条路径。

二、"山地户外运动+旅游"融合发展策略

山地旅游产业是贵州省近年来重点发展的支柱产业，省委、省政府也多次提出要大力发展山地旅游，深入挖掘山地旅游业态，丰富旅游生态和人文内涵，发挥全域旅游资源优势，全力打造以"多彩贵州·山地公园"为品牌的世界知名山地旅游目的地，加快建设山地旅游大省。山地户外运动赛事可带动贵州旅游产业发展，贵州旅游产业也可促进山地户外运动赛事的发展，两者相辅相成，高度相关。山地户外运动赛事举办地点可以设在著名旅游景区、历史名胜区或民族古村寨，通过举办赛事来提高这些地方的知名度，扩大对外宣传效应，吸引更多外地游客前来观光旅游。另外，有些山地户外运动项目也可成为景区常设项目，让游客能参与其中，体验与享受山地户外运动项目带来的乐趣，不仅能丰富山地旅游内容，促进旅游创收，而且也能扩大山地户外运动人口，推动山地户外运动赛事发展。

三、"山地户外运动+扶贫脱贫"融合发展策略

改革开放 40 年来，贵州经济总量增长了 290 倍，经历了从极端贫困到摆脱绝对贫困、迈向小康的发展历程，但由于基础薄弱，虽然脱贫力度不断加大，还有相当一部分人依然挣扎在贫困线上。2013 年，全省有 745 万农村贫困人口，贫困发生率为 21.3%；2017 年全省有 280.32 万农村贫困人口，贫困发生率为 7.75%，脱贫形势依然严峻。产业扶贫是增加贫困农户收入，根植

发展基因，激活发展动力，阻断贫困发生的有效途径。山地户外运动赛事作为贵州新型特色产业，在全省扶贫脱贫中的作用举足轻重，能有效撬动精准脱贫。举办民族特色山地户外运动赛事，可以推动当地餐饮、住宿、手工业、民族文化表演、民族体育等产业快速发展，引导当地村民积极开拓创业思路，因地制宜培育特色企业，因人施策推动就业创业，以赛事促创业，以创业谋发展，不断降低贵州农村人口贫困率，促进贵州经济又快又好发展。

四、"山地户外运动+生态文明"融合发展策略

生态文明强调人与自然、人与人、人与社会的和谐共生、良性循环、全面发展，是以持续繁荣为基本宗旨的社会形态。贵州省从 2009 年就开始推动生态文明制度建设，借助生态文明建设实现了快速发展，特别是生态文明体制改革，给贵州带来了丰硕成果。山地户外运动是依托自然环境，利用未使用地、废弃地和边远山地等开展的户外运动项目，对环境基本不造成破坏，体现了人与自然的高度和谐。山地户外运动是以参与体验为主观感受方式，以团结协作为主要体育竞技形式，以推动地区体育经济发展的一种新型的绿色产业形态，是贵州生态文明建设的重要内容之一，践行了"绿水青山就是金山银山"的理念。在举办山地户外运动赛事时，也要注意强化生态保护意识，强化对饮用水源地和自然保护区的保护，防治环境污染，提高赛事文明程度，促进国民综合素质提升。同时，应按照"五位一体"总体布局和"四个全面"战略布局，牢固树立和贯彻落实创新、协调、绿色、开放、共享的发展理念，推进贵州山地户外运动产业健康持续发展。

参考文献

[1] JACQUES, MICHAEL. Spring challenge draws a crowd of women to adventure challenge [J]. Australian Triathlete, 2009, 16.

[2] DOS SANTOS, MARCELO PASTRE. Adventure race's injuries [J]. Science & Sports Feb2009, 24.

[3] RON MARTIN, PETER SUNLEY. Conceptualizing cluster evolution: beyondthe life cycle model[J]. Regional Studies, 2011, 45 (10).

[4] 杨昌儒，陈玉平. 贵州世居民族节日民俗研究[M]. 北京：民族出版社，2009.

[5] 敖丽红. 区域间创新联动发展机制与对策研究——以辽宁沿海经济带与长吉图区域为例[M]. 北京：知识产权出版社，2012.

[6] 陶伟宁. 体育赛事策划与管理[M]. 重庆：重庆大学出版社，2015.

[7] 王俊奇. 唐代体育文化史[M]. 北京：北京体育大学出版社，2010.

[8] 张林. 体育赛事事前评估[M]. 北京：人民体育出版社，2011.

[9] 饶远，刘竹. 中国少数民族体育文化通论[M]. 北京：人民出版社，2009.

[10] 李小建，等. 经济地理学[M]. 北京：高等教育出版社，1999.

[11] 陈雯. 厦漳泉大都市区同城化：重塑发展新格局[M]. 北京：科学出版社，2012.

[12] 马大慧，周加启. 节庆赛事活动开发与品牌塑造影响因素分析——以中国·宿迁西楚文化节为例[J]. 体育科技，2015（2）.

[13] 张有明. 唐代民俗体育活动中的服饰文化研究[J]. 兰台世界，2015（19）.

[14] 赵艳霞. 浅析贵州少数民族体育活动的特点[J]. 搏击（武术科学），2007（2）.

[15] 王海飞，林柳琳. 区域联动及其相关基本问题研究[J]. 改革与战略，2014（6）.

[16] 叶森. 区域产业联动研究——以浦东新区与长三角地区 IC 产业联动为例[D]. 上海：华东师范大学，2009.

[17] 王由礼. 论经济的区域联动与良性互动[J]. 江海学刊，2003（6）.

[18] 张丽军. 体育特色小镇健康区域联动构思与趋向[J]. 哈尔滨体育学院学报，2018（5）.

[19] 杜文霞. 基于区域联动理论的黄淮四市旅游资源整合研究[D]. 开封：河南大学，2008.

[20] 王晓轩，张璞，李文龙. 佩鲁的增长极理论与产业区位聚集探析[J].科技管理研究，2012，32（19）.

[21] 刘沐霖. 产业联动的动力机制分析[J]. 经营管理者，2017（1）.

[22] 聂琳琳. 区域联动下的乡村规划发展研究[D]. 青岛：青岛理工大学，2017.

[23] 柴红年. 赛事品牌构建理论与实证研究[D]. 上海：上海体育学院，2007.

[24] 纪慰华. 社会文化环境对企业网络构建的影响——以上海大众供货商网络为例[D]. 上海：华东师范大学，2004.

[25] 马中东. 基于分工视角的产业集群形成与演进机理研究[D]. 沈阳:辽宁大学，2006.

[26] 周超，沈正平，刘宁宁. 论长三角产业联动模式对江苏联动开发的启示[J]. 江南论坛，2007（3）.

[27] 唐尧. 贵州山地户外运动发展研究[J]. 四川体育科学，2016，35（4）.

[28] 高民. 浅谈贵州省山地户外运动的沿革与发展[J]. 贵州民族学院学报（哲学社会科学版），2012（4）.

[29] 罗锐，许军. 西南贫困地区山地户外运动资源开发研究[J]. 体育文化导刊，2018（1）.

[30] 李雪涛，刘夏夏. 山地户外运动的现状及对策研究[J]. 运动，2012（2）.

[31] 莫双瑗，卢俊佩，张丹. 湖北省西部地区开展山地运动的分析与研究[J]. 四川旅游学院学报，2016（4）.

[32] 张素婷，许军，张涛. 中国西部山地户外运动资源开发现状探析[J].四川体育科学，2017，36（3）.

[33] 王志丽，工春雷. 河北省山地户外运动发展现状与对策研究[J]. 山东

社会科学，2015（S2）.

[34] 刘金凤，洪邦辉. 贵阳花溪大学城山地户外体育旅游休闲基地建设构想[J]. 贵州体育科技，2014（3）.

[35] 清扬. 贵州刺梨甲天下[J]. 大众科学，2016（12）.

[36] 胡娅丽. 贵州饮食文化旅游资源开发研究[J]. 河南师范大学学报（哲学社会科学版），2011（3）.

[37] 赵泽光. 贵州少数民族饮食文化概述[J]. 贵州民族研究，2007（3）.

[38] 刘璐殊. 贵州民族饮食文化在旅游营销中的品牌效应[J]. 旅游纵览，2012（11）.

[39] 甘柏花. 宁波市山地户外运动研究[J]. 宁波工程学院学报，2015，27（2）.

[40] 罗刚. 贵州山地户外运动开展情况研究[J]. 当代体育科技，2018，8（6）.

[41] 陶青. 北京地区高校山地户外运动发展研究[D]. 北京：北京体育大学，2009.

[42] 甘小川. 贵州省山地户外运动大省建设初探[D]. 成都：成都体育学院，2016.

[43] 白帆，杨芳绒，黄雪红. 生态治理背景下的山地户外运动公园建设[J]. 环境影响评价，2018，40（2）.

[44] 孙国亮. 西安山地户外运动发展研究[D]. 西安：西安体育学院，2014.

[45] 周利. 贵州省山地户外运动可持续发展研究[J]. 当代体育科技，2014，4（21）.

[46] 汪淑玲. 赣州市高校山地户外运动开展现状研究[D]. 赣州：赣南师范学院，2013.

[47] 刘小明，杨敏，李军. 桂林山地户外运动发展路径选择研究[J]. 桂林航天工业高等专科学校学报，2012，17（1）.

[48] 马洪涛. 山地户外运动赛事发展现状与对策[J]. 当代体育科技，2018，8（4）.

[49] 陈尉. 旅游视域下山地体育运动的内容分析[J]. 旅游纵览（下半月），2015（8）.

[50] 孟刚. 非标准体育场地建设现状及发展对策研究——以贵州省为例[J]. 体育科学研究，2016，20（2）.

[51] 周波，容丽．花江示范区山地旅游资源开发研究[J]．贵阳学院学报（自然科学版），2015（3）．

[52] 张油福，国伟，黄晓晓．贵州发展山地户外体育旅游休闲产业的SWOT分析研究[J]．南京体育学院学报（社会科学版），2013，27（3）．

[53] 李军，吴绍奎，吴卫．贵州开展山地运动的 SWOT 分析与发展策略研究[J]．商场现代化，2010（25）．

[54] 符仕平．鹤鸣山户外运动主题景区的综合规划[D]．成都：成都体育学院，2014．

[55] 彭婧．重庆户外运动发展战略研究[D]．重庆：西南大学，2012．

[56] 周红伟．浙江大明山景区山地户外运动基地建设研究[D]．杭州：浙江农林大学，2011．

[57] 徐文琦，吕璐露，徐承玉．我国山地户外运动赛事发展现状与对策[J]．体育成人教育学刊，2016，32（4）．

[58] 周海澜，罗露，郑丽．体育赛事推动体育旅游协同发展研究——以贵州遵义娄山关·海龙囤国际山地户外运动挑战赛为例[J]．体育科技文献通报，2016，24（5）．

[59] 王燕．遵义国际山地户外运动挑战赛组织管理研究[D]．成都：四川师范大学，2017．

[60] 张雨．我国山地户外运动赛事组织理论与实践研究[D]．北京：北京体育大学，2011．

[61] 谢小瑛．重庆武隆国际山地户外运动公开赛品牌竞争力研究[D]．重庆：西南大学，2016．

[62] 徐承玉，徐茂卫．基于 WSR 方法论的我国山地户外运动赛事可持续发展研究[J]．中国学校体育（高等教育），2016，3（11）．

[63] 韩羽，卢存．广西山地户外运动赛事发展现状研究[J]．南宁职业技术学院学报，2014，19（3）．

[64] 彭发胜，莫双瑷．户外运动赛事对广西百色乐业县旅游业影响研究[J]．成功（教育），2013（2）．

[65] 郎治．运营户外运动为国内第一大运动策略——武隆国际山地户外公开赛为切入点[J]．现代营销（学苑版），2011（6）．

[66] 魏汝岭，杨绛梅，刘小学．影响我国山地户外运动项目成绩的多因素分析——以 2010 年阿布扎比国际探险挑战赛为例[J]．南京体育学院学报

（自然科学版），2011，10（3）.

[67] 元冉冉，刘小学. 2010国际山地户外运动竞技实力格局分析——以重庆武隆国际山地户外运动挑战赛为例[J]. 运动，2011（12）.

[68] 董官清，边万忠，赵波. 2009国际山地户外运动竞技实力格局——以百色国际户外运动挑战赛为例[J]. 北京体育大学学报，2010，33（4）.

[69] 张小林，张天成，朱福军. 我国西部地区户外运动资源开发与营销——以重庆武隆国际山地户外挑战赛为例[J]. 西安体育学院学报，2007（3）.

[70] 徐承玉. 贵州群众性户外运动赛事可持续发展的影响因素研究[D]. 武汉：武汉体育学院，2017.

[71] 陆艳珊. 基于态势分析法视角下山地户外赛事市场开发对策研究[D].成都：成都体育学院，2017.

[72] 刘卓琪. 国内山地户外运动赛事标志设计与应用研究[D]. 北京：北京体育大学，2016.

[73] 张迪功，马俊. 贵州省山地户外运动推广策略研究[J]. 科技信息，2013（34）.

[74] 夏欢. 重庆武隆国际山地户外运动公开赛运营研究[D]. 北京：首都体育学院，2012.

[75] 张俊豪. 温州市户外运动赛事发展的 SWOT 分析研究[D]. 温州：温州大学，2016.

[76] 冯睿. 我国山地户外运动赛事商业化运作的研究[D]. 武汉：武汉体育学院，2014.

[77] 霍宁波. 小县城办大赛事对当地旅游业的影响研究[D]. 重庆：西南大学，2014.

[78] 彭发胜. 大型户外体育赛事对百色乐业县旅游业的影响研究[D]. 桂林：广西师范学院，2011.

[79] 陈强，宋海滨，唐新宇. 贵州山地户外运动产业发展制约因素及其对策研究[J]. 贵州民族大学学报（哲学社会科学版），2013（6）.

[80] 李军. 贵州省山地户外运动产业核心竞争力研究[J]. 四川体育科学，2011（2）.

[81] 徐文琦，江鹰，徐承玉. 基于 SWOT 分析对我国山地户外运动产业的研究[J]. 体育成人教育学刊，2016，32（6）.

[82] 吴映雪. 基于价值链理论的南京市户外休闲体育产业发展研究[D]. 南京：南京师范大学，2017.

[83] 段冉. 基于价值链模型的贵州山地运动休闲产业分析及融资策略研究[D]. 贵阳：贵州财经大学，2014.

[84] 李佩聪. 我国山地户外运动员竞技能力表现分析与发展对策研究——以近5年我国山地户外运动优胜代表队为例[J]. 中国体育科技，2016，52（3）.

[85] 张威. 贵州省山地户外运动参加者的现状调查分析[J]. 体育世界（学术版），2014（4）.

[86] 刘小学，周宇，徐宏波，李庆庆，刘明星. 浅谈高校山地户外项目运动员的科学选材指标体系构建[J]. 运动，2012（1）.

[87] 吴静涛. 山地户外挑战赛运动员身体素质的研究[D]. 南宁：广西民族大学，2016.

[88] 牛鹏飞. 我国高校山地户外运动队现状研究[D]. 北京：中国地质大学（北京），2015.

[89] 张俊杰. 对优秀山地户外运动员冬训期间身体机能变化及体能监控的研究[D]. 北京：中国地质大学（北京），2013.

[90] 魏汝领. 中国山地户外运动成绩分析及提高对策研究[D]. 北京：中国地质大学（北京），2013.

[91] 周红伟. 浙江省山地户外运动指导员现状调查及对策研究[J]. 浙江体育科学，2010，32（3）.

[92] 彭召方，刘鸿优，国伟，陈晓洋，田涔涔，江玉辉，李波，罗芳全. 我国山地户外运动风险评估指标体系与预警系统的构建[J]. 体育学刊，2018，25（1）.

[93] 刘苏，傅志平，汤卫东. AA制山地户外运动事故的法律争议及归责[J]. 山东体育学院学报，2018，34（2）.

[94] 姜梅英. 中国山地户外运动风险防范机制研究[D]. 北京：北京体育大学，2013.

[95] 黄恬恬. 生态文明背景下山地户外运动与生态环境保护的冲突与协调[D]. 武汉：华中师范大学，2014.

[96] 刘苏，傅志平. AA制山地户外运动事故防范机制研究[J]. 体育成人教育学刊，2017，33（3）.

[97] 李俊. 山地户外运动生命安全风险分析与防范研究[D]. 北京：中国地质大学（北京），2015.

[98] 黄恬恬，王斌. 山地户外运动与生态环境保护的冲突与协调[J]. 武汉体育学院学报，2012，46（8）.

[99] 邹本旭. 对山地户外运动的损伤及预防措施的研究[J]. 沈阳体育学院学报，2007（5）.

[100] 王舒. 对我国山地户外运动期待立法规范——以贵州省为例[J]. 法制与社会，2014（11）.

[101] 江玉辉. 影响山地户外运动安全的相关因素研究[J]. 体育世界（下旬刊），2014（2）.

[102] 刁学慧，魏汝领. 简析大学生山地户外运动常见损伤急救及预防对策[J]. 运动，2013（13）.

[103] 徐鹏. 四川省山地户外运动山难成因分析及防范措施研究[J]. 四川体育科学，2012（1）.

[104] 陶宇平. 登山户外运动风险管理研究[J]. 四川体育科学，2012（3）.

[105] 官钰. 陕西省秦岭山地户外运动俱乐部会员环境意识与行为特征研究[D]. 西安：西安体育学院，2015.

[106] 雷帮齐，王南童. 贵州山地户外运动人才全程实践教学模式实施策略研究[J]. 西南师范大学学报（自然科学版），2018，43（4）.

[107] 徐宜芬. 贵州少数民族传统体育特点及其发展探析[J]. 贵州民族研究，2006（5）.

[108] 邓万里，温杰. 山地户外运动专业人才培养模式的构建探讨——以贵州省为例[J]. 当代体育科技，2018（1）.

[109] 温杰，邓万里，查钰. 贵州高校山地运动专业人才技能培养探讨[J]. 当代体育科技，2017，7（32）.

[110] 高誉松. 贵州省高校户外运动课程的现状及对策[D]. 成都：成都体育学院，2012.

[111] 殷治国，王锋，张筱晟. 贵州山地户外运动与少数民族传统体育融合发展研究[J]. 体育文化导刊，2017（6）.

[112] 黄晓强. 贵州山地户外运动发展的新思路——以盘县乌蒙大草原生态体育（国家）公园为例[J]. 体育世界（学术版），2018（1）.

[113] 胡笛. 山地户外运动装衣袖结构功能性设计研究[D]. 大连：大连工业

大学，2012.

[114] 李如海. 西部地区发展以民族和山地为特色的文化旅游业探索——以贵州省六盘水市为例[J]. 四川旅游学院学报，2016（2）.

[115] 邬孟君，刘进. 构建贵州体育旅游品牌链：以民族地域特色的山地运动为依托[J]. 西南师范大学学报（自然科学版），2014，39（8）.

[116] 范维. 贵州少数民族传统体育项目分类及价值远景分析[J]. 体育成人教育学刊，2011，（1）.